Sören Tempel

Leise spricht dein Seelenwesen

LEISE SPRICHT DEIN

SEELEN-WESEN

Ein kleiner Leitfaden für ein schönes Leben

S ÖREN T EMPEL

//////////////////// SILBERSCHNUR VERLAG

© Copyright Verlag »Die Silberschnur« GmbH

ISBN: 978-3-89845-589-3

1. Auflage 2018

Illustrationen: Rabe Habdank, www.rabe-art.com
Vorlektorat: Katharina König
Gestaltung & Satz: XPresentation, Güllesheim
Druck: Finidr, s.r.o. Cesky Tesin

Verlag »Die Silberschnur« GmbH · Steinstr. 1 · 56593 Güllesheim
www.silberschnur.de · E-Mail: info@silberschnur.de

Inhaltsverzeichnis

Seelenwesen

Seelenwesen sind recht zurückhaltende Wesen. Oft leben sie etwas versteckt und sind in ihrer Art so sanft und leise, dass sie schnell übersehen werden. Deshalb sind sich viele Menschen ihrer gar nicht mehr bewusst; nicht jeder weiß noch, dass es diese wundervollen Wesen überhaupt gibt. Dabei hat absolut jeder Mensch ein Seelenwesen. Auch Sie. Es ist ein Teil von Ihnen.

Ihr Seelenwesen nicht zu übersehen, es in seiner natürlichen Umgebung überhaupt zu entdecken, ist allerdings auch eine Kunst für sich. Denn dafür braucht es eine ganz besondere Art des Hinschauens. Wie ein Tierfilmer, der seinen Blick unermüdlich auf die leere Lichtung richtet, in freudiger Erwartung auf alles, was sich zeigen mag. Ihr Seelenwesen liebt es, wahrgenommen zu werden. Es möchte – wie alles Lebendige – gesehen werden! Allein die Aussicht darauf lockt es auf die Lichtung hinaus. Ohne dieses äußerst achtsame Schauen werden Sie deshalb immer nur aus dem Augenwinkel heraus einen flüchtigen Schatten am Waldrand bemerken. Etwas Vorbeihuschendes, Durchscheinendes, das sich Ihnen nicht wirklich zeigt.

Wenn dadurch keine wahre Begegnung zwischen Ihnen und Ihrem Seelenwesen erfolgt, es nicht gesehen wird, zieht es sich tiefer in den Wald zurück, verringert seine Atemfrequenz und wird immer passiver. In manchen Menschen befindet es sich sogar in einer Art Winterschlaf: lebendig, aber nicht wirklich aktiviert. Es sitzt ganz ruhig da, mit der Landschaft verschmolzen. Aber tief innen hofft und wartet es geduldig, dass der Mensch, in dem es wohnt, sich an es erinnert. Dass es spürt: Es wird gewollt. Und wenn es sich zeigt, wird es auch gesehen und angenommen werden. Wenn das passiert, kommt es hervor, lugt aus seinem Versteck.

Ein wenig ist es wie ein Schauspieler, der erst auf die Bühne geht, wenn er weiß, dass ein ihm

wohlgesonnenes Publikum bei schon gelöschtem Saallicht mit angehaltenem Atem auf ihn wartet.

Ihr Seelenwesen ist leise und zart, aber deshalb nicht ohne Absicht. Es möchte etwas, auf seine ganz eigene, sanfte Art. Es möchte Sie daran erinnern, dass Sie eine Seele haben – und diese für Sie erfahrbar machen. Es möchte wach und aktiv dafür sorgen, dass Sie Ihren innersten Kern und alles, was in Ihrer Seele angelegt ist, leben und verwirklichen. Möglichst in jeder Minute Ihres Lebens und möglichst vollständig. Es möchte, dass Sie in tiefem Kontakt mit allen anderen Lebewesen auf der Welt sind und dass Sie den bestmöglichen Beitrag zur Welt leisten. Es möchte sich ausdrücken, indem es die zu ihm gehörenden Energien Liebe, Freude und Dankbarkeit in absoluter Freigebigkeit versprüht. Immer wenn das Seelenwesen diese Dinge tun kann, beginnt es vor lauter Freude zu zittern. Es vibriert. In Ihnen. Das können Sie spüren. Der Winterschlaf ist vorbei, hellwach ist es jetzt. Wach und hell.

Liebe, Freude und Dankbarkeit gehören nicht einfach nur zu Ihrem Seelenwesen, nein, tatsächlich besteht es aus diesen Energien. Ihr Seelenwesen *ist*

Liebe, es ist Freude und es ist Dankbarkeit. Mit dem Verstand ist das vielleicht etwas schwer zu erfassen, aber im Spüren erschließt es sich schnell. Aus diesem Grund geht mit einer Aktivierung des Seelenwesens auch immer ein deutlich verstärktes Fließen dieser drei Energien einher. Genauso wie ein Faden Wolfram in der Glühbirne Licht ausstrahlt, wenn Strom durch ihn fließt, so strahlt das Seelenwesen bei Aktivierung Liebe, Freude und Dankbarkeit aus. Einfach so. Ohne jedes Ziel. Es geschieht einfach. Ein stilles, aber helles Leuchten.

Wenn Sie mögen, erinnern Sie sich jetzt einmal an einen Moment in Ihrem Leben, in dem Sie so richtig glücklich waren. Wie genau hat es sich in Ihnen angefühlt, was haben Sie da gespürt? War es hell? Fühlte es sich aktiviert an? War Liebe dabei? Freude? Dankbarkeit?

Vielleicht nehmen Sie sich eine Minute Zeit, um in die Erinnerung an Ihr genaues Erleben in diesem Moment des Glücks einzutauchen, es ein wenig zu erforschen. Und vielleicht können Sie dann erkennen, dass Glück keine eigenständige Energie ist. Sie sind glücklich, wenn Liebe, Freude und Dankbarkeit gleichzeitig fließen. Und das passiert ohne jeden weiteren Grund, wenn Ihr Seelenwesen aktiviert ist.

Glück ist ein aktiviertes Seelenwesen.

Das biologische Wesen

Im Leben vieler Menschen strahlt das Seelenwesen nicht so oft und so hell, wie sie es sich wünschen würden. Das hat damit zu tun, dass es noch einen anderen wesentlichen Anteil in jedem Menschen gibt: sein biologisches Wesen. Dieses zweite Wesen bestimmt die Befindlichkeit häufig mehr als das scheue Seelenwesen, denn es ist stark und laut. Wie schon das Seelenwesen will auch das biologische Wesen etwas: Es möchte Sie schützen. Allerdings beschränkt sich dieser Wunsch nur auf die eine letzte Gefahr: den Tod. Alle anderen Gefahren wie zum Beispiel psychische Verletzungen, Unglücklichsein, Langeweile oder auch Einsamkeit sind ihm nicht nur völlig gleichgültig, das biologische Wesen nimmt sie als Preis für Sicherheit auch gern billigend in Kauf. Auf seiner Prioritätenliste steht von Platz eins bis unendlich nur eine einzige Sache: Überleben. Dieses Ziel verfolgt es mit all seiner Kraft, oftmals fanatisch. Es hält Ihr Seelenwesen und dessen Verwirklichung (und damit Ihr Glück) für vollkommen unwichtig.

Fanatismus und Stärke sind also die bezeichnenden Eigenschaften des biologischen Wesens. Und es ist, na ja ... nicht das Hellste. Es denkt in sehr einfachen Mustern, die häufig zu (in der heutigen Welt) sinnlosen oder sogar schädlichen Aktionen führen. Wesen mit einer Kombination aus Stärke, Fanatismus und einem etwas eingeschränkten Intellekt haben viel Macht, und mit dieser Macht unterdrückt das biologische Wesen häufig das Seelenwesen. Und verhindert damit Ihr Wohlbefinden, Ihr Glücklichsein.

Wahrscheinlich ist Ihr biologisches Wesen – wie die meisten biologischen Wesen – ganz schön erschöpft. Seit dem Beginn Ihrer Existenz arbeitet es für Sie, ist ununterbrochen wach und wachsam. Es versucht andauernd, manchmal verzweifelt, Sie an all den doch so unendlich gefährlichen Dingen zu hindern, die Sie aus Ihrem Seelenwesen heraus gerne tun: verändern, wachsen, lernen, erforschen,

entdecken, ausprobieren, lieben ... Es ist angestrengt und auch aus dieser Anstrengung heraus sehr reizbar. Aufbrausend ist dabei manchmal eher eine Untertreibung; es faucht, wenn aus seiner Sicht etwas schiefläuft, bäumt sich auf und spuckt Feuer. Wie ein wütender Drache. Aber wenn es endlich einmal döst, sich entspannt, sieht es sehr süß aus – ebenfalls wie ein Drache. Nichts wäre diesem großen, starken und nicht allzu schlauen Wesen lieber, als sich endlich einmal etwas ausruhen zu dürfen. Aber Ihr Drache dient Ihnen und Ihrer Sicherheit, ununterbrochen und unermüdlich.

In Ihnen wohnt also nicht nur ein sanftes, eher scheues Seelenwesen, sondern auch noch ein starker und etwas einfacher Drache, der aber im Grunde *für* Sie und auch liebenswert ist, in all seiner Einfältigkeit. Vielleicht sind Sie den beiden schon einmal begegnet? Haben Sie schon einmal in sich etwas gespürt, das sich einfach nur hell und aktiviert und wundervoll anfühlte? Oder etwas, das wie ein wütender Drache war, laut und stark?

Die Boten des Drachen

Ihr Drache möchte Sie beschützen. Er kann aber nicht in der realen Welt für Sie agieren, sich nicht physisch fauchend vor Sie stellen, Ihre Feinde vertreiben und Bedrohungen abwenden. Deshalb musste er einen Weg finden, dass *Sie* dies tun. Er musste einen Weg finden, Sie dazu zu bringen, sich genau so zu verhalten, wie er es sich vorstellt. Er fand ihn: Emotionen. Ihr Drache nutzt Emotionen als Boten. Er schickt Ihnen den Boten Angst, damit Sie weglaufen. Oder den Boten Aggression, damit Sie angreifen. Manchmal gerät er in seiner Einfältigkeit auch so in Not, dass er einfach alle Boten, die ihm zur Verfügung stehen, gleichzeitig aussendet. "Viel hilft viel!", denkt er sich dabei und sendet Impulse zum Angriff, zur Flucht und noch zu drei anderen Aktionen gleichzeitig. Das nennt man Panik.

Angst und Aggression sind die Hauptboten Ihres Drachen. Sie kommen *immer* von ihm und haben *immer* den Zweck, Sie in eine Handlung zu bringen, von der er denkt, dass sie Sie schützen würde. Es gibt noch andere Energien, mit denen er agiert, die zu ihm gehören, wie zum Beispiel Hunger, Verliebtsein oder psychischer Schmerz. Aber seine Hauptboten sind die Angst und die Aggression.

Diese Energien (und Energiemischungen) Ihres Drachen fühlen sich völlig anders an als diejenigen, die zu Ihrem Seelenwesen gehören. Drachenenergien sind immer dunkel und drückend, wollen etwas von Ihnen, packen Sie am Schopf und versuchen mit aller Kraft, Sie in eine bestimmte Handlung zu bringen. Deshalb ist es überhaupt nicht angenehm, von diesen Emotionen durchflutet zu werden. Es brodelt in einem, man ist wütend, ärgert sich, hat schlechte Laune oder Angst, die erlebte Lebensqualität ist niedrig. Tatsächlich ist jedes innerliche Sich-schlecht-Fühlen ein Resultat von Emotionen, die Ihr aktiviertes biologisches Wesen Ihnen geschickt hat – in der eigentlich guten Absicht, Sie zu einer schützenden Handlung zu bringen.

Wenn dagegen Ihr Seelenwesen aktiviert ist, schickt es Ihnen Liebe, Freude und Dankbarkeit. Und kleine, sanfte, sich angenehm anfühlende Impulse, was als Nächstes zu tun ist. So bietet es Ihnen Führung an. Bitte beachten Sie, ich habe nicht gesagt "führt es Sie". Denn es ist tatsächlich nur ein Angebot, und dieses wird leise unterbreitet. Das Seelenwesen lässt Ihnen immer die freie Wahl, ob Sie den Impulsen folgen wollen oder nicht. Es respektiert Ihren freien, individuellen Willen vollkommen. Es lässt Sie, wenn Sie das wollen, anders handeln, möglicherweise Fehler machen – und bietet Ihnen dann den Impuls aufs Neue an.

Alle aus Ihrem Seelenwesen kommenden Empfindungen sind sanft und angenehm im Erleben, ausnahmslos und immer. Und damit unterscheiden sie sich deutlich von Empfindungen, die Ihnen von Ihrem Drachen geschickt werden. Wie Sie sich fühlen, wie es Ihnen geht, hängt also direkt davon ab, welches Ihrer Wesen gerade aktiviert ist – und wessen Energien infolgedessen in Ihrem Körper pulsieren.

Einfluss nehmen

Wenn Ihr Drache aktiviert ist, fließen Angst und Wut und noch andere unangenehme, dunkle, fordernde Energien in Ihrem Körper. Sie stehen unter Spannung, denn die Boten des Drachen wollen Sie in Aktionen treiben, die Ihnen in den allermeisten Fällen nicht dienlich wären – und die Sie deshalb nicht ausführen möchten. Sie möchten wahrscheinlich weder Ihr Gegenüber physisch angreifen noch vor der wichtigen Präsentation in der Firma einfach davonlaufen. Sie müssen sich selbst kontrollieren und zurückhalten, um die Dinge zu tun, die sinnvoll sind – sachlich mit Ihrem Gegenüber diskutieren, die Präsentation halten –, obwohl in Ihnen starke Impulse vorherrschen, die etwas ganz anderes wollen. Das ist anstrengend. Und nicht nur in Extremsituationen wie einem Streit oder einem Vortrag vor 2000 Zuhörern entsteht dieses Spannungsfeld. Die Stärke der Aktivierung des Drachen hat eine große Bandbreite – und damit auch die Dominanz seiner Boten. Drachenaktivierung beginnt lange bevor Sie die Energien, die er schickt, schon als Angst oder Aggression bezeichnen würden. Die Anspannung vor einem langen Tag mit vielen Aufgaben, das Nicht-schlafen-Können vor einem Bewerbungsgespräch, das leichte Erschrecken, wenn Sie mal wieder einen Brief des Polizeipräsidenten in Ihrem Briefkasten finden, bevor Sie erkennen, dass es sich nur um ein Knöllchen handelt. Das alles ist Ihr Drache. Bei manchen Menschen ist er nach vielen schlimmen Erfahrungen auch schon dauerhaft aktiviert. Lauernd sitzt er da und schaut mit seinen kleinen, scharfen Augen beinahe feindselig umher, ob es irgendwo etwas abzuwehren gibt. In allem sieht er eine Gefahr, erwartet das Negative und geht vom denkbar Schlechtesten aus. Kein schöner Zustand.

Wenn Ihr Seelenwesen aktiviert ist, fließen Liebe, Freude und Dankbarkeit. Das ist an sich schon angenehm, aber es passiert noch mehr, etwas schwerer zu Beschreibendes. In Ihnen entsteht ein Gefühl der Sinnhaftigkeit Ihres Lebens bisher und Ihrer Existenz im Allgemeinen. Sie fühlen sich verbunden mit anderen Lebewesen. Sie fühlen sich lebendig. Sie haben Kontakt zu Ihrer Intuition und erhalten über leise Seelenimpulse Führungsangebote. Entscheidungen fallen Ihnen leicht, Sie vertrauen. Es geht Ihnen gut. Oder sehr gut. Oder sehr, sehr gut. Sie sind beseelt.

Wenn ein Kind geboren wird, verlässt es den Zustand der absoluten Fülle, der absoluten Sicherheit und Geborgenheit, 24 Stunden am Tag, sieben Tage die Woche. Im Mutterleib gab es nichts (im Normalfall, es gibt Ausnahmen), was es bedrohte. Von allem war immer genügend vorhanden, durch die Nabelschnur war es ohne Unterlass bestens versorgt. Schon im ungeborenen Kind existieren beide Wesen, aber der Drache wird im Allgemeinen nicht benötigt. Es gibt nichts, wovor er das Kind beschützen müsste. Der Eintritt in die Welt außerhalb des Mutterleibes ist dann ein extremer Schock. Und ruft sofort den Drachen auf den Plan. Fauchend und brüllend. Von diesem Moment an wechselt das Baby in außerordentlicher Reinheit zwischen Phasen eines aktivierten Drachen und eines aktivierten Seelenwesens hin und her. Die Reinheit dieser Aktivierungen ist der Grund, warum Babys so viel in uns auslösen. Einem Baby mit aktiviertem Seelenwesen in die Augen zu schauen, ist wie Gott schauen. Wenn man ganz genau darüber nachdenkt, *ist* es Gott schauen. Aber dazu später mehr, wenn wir über Liebe und darüber, wo sie herkommt, sprechen.

Im Laufe der Kindheit und Jugend eines heranwachsenden Menschen fordert sein Umfeld von ihm, dass er lernt, seinen Drachen halbwegs zu beherrschen. Wutausbrüche und ängstliches Vermeiden sind nicht gern gesehen. In Wirklichkeit aber lernt er in der eher emotionsängstlichen (und deshalb oft emotionsfeindlichen) westlichen Welt lediglich, die vom Drachen erzeugten Emotionen zu unterdrücken und trotz dieser Emotionen so zu handeln, wie es von ihm erwartet wird. Er lernt nicht, seinen Drachen zu beruhigen. Er lernt nicht, mit den erzeugten Emotionen umzugehen, sie zuzulassen und so abzubauen. Das wäre der einzige

Weg, um den Nachschub an Emotionen zu stoppen und die schon erzeugten aufzulösen. So aber bleibt der Drache aktiv und erzeugt mehr und mehr Emotionen, die sich im Körper anstauen.

Je älter ein Kind wird, desto mehr Verpflichtungen hat es, desto weniger kann es nach seinen Impulsen leben, desto weniger kann es spielen. In den ersten Jahren gibt es hiergegen noch viel Aufbegehren, aber langsam gewöhnt es sich daran. Es beginnt, seine natürliche Orientierung an der Freude zu verlieren. Sein Seelenwesen wird stiller. In vielen Schulen werden Kinder auf eine Welt vorbereitet, in der ausschließlich Leistung zählt, die mit Selbstausdruck und Liebe wenig zu tun hat. Instabile soziale Umfelder und enttäuschende Erfahrungen in ersten Liebesbeziehungen sorgen dann manchmal noch dafür, dass sich auch das Herz verschließt. Der Winter kommt. Es erstarrt, das Seelenwesen. In diesem Zustand – ein aktivierter Drache, unterdrückte Emotionen, passives Seelenwesen – starten viele Menschen in ihr Erwachsenenleben. Sie richten das Leben auf Sicherheit aus und suchen Erfüllung in Konsum und äußerem Erfolg. Aber

selbst der bleibt schal – denn ohne Seele ist alles nichts.

Dieses Buch zeigt Ihnen, wie Sie Einfluss darauf nehmen können, welches Ihrer Wesen aktiviert ist. Wie Sie Ihren Drachen beruhigen und Ihr Seelenwesen stärker und immer stärker zum Leuchten bringen können. Denn das ist möglich. Sie können viele Dinge unternehmen, um in den Zustand zu finden, den Menschen in Wirklichkeit suchen: ein ruhiger Drache, der die meiste Zeit des Tages vor sich hindöst, Ihnen aber trotzdem genug weltliche Kraft gibt, um sich im Zweifel auch einmal durchsetzen zu können. Und ein gut aktiviertes Seelenwesen, das Ihnen Liebe, Freude, Dankbarkeit und Führung durch Intuition schenkt.

Denn so ist es gedacht. Auch für Sie.

Den Drachen beruhigen

Das Wechselspiel
der Wesen

Normalerweise herrscht eine Art Wechselspiel zwischen Ihren Wesen. Ist das eine mehr aktiviert, ist es das andere weniger – und andersherum. Nur in recht seltenen Fällen finden wir dauerhaft eine vollkommene Aktivierung des einen vor, während das andere dauerhaft ganz deaktiviert ist. Ist dies doch der Fall, spricht man von Psychopathie beziehungsweise Erleuchtung. Meistens jedoch ist das biologische Wesen der Platzhirsch, denn es ist stark, laut, fanatisch und sein Wesen ist der Kampf. Und es hat – seinem Erleben nach – sehr viel zu tun. In allem sieht es die potenzielle Gefahr; ständig müssen Sie vor irgendetwas beschützt werden. Das führt dazu, dass Ihr Drache in all seiner Aktivität viel Raum einnimmt. Er besetzt die ganze Bühne und drängelt sich gerne in den Vordergrund. Dadurch steht das Seelenwesen oft im Hintergrund, denn es kämpft nicht um seinen Raum. Es ist nicht schwach, aber sein Wesen ist nicht der Kampf. Es betritt nur eine leere Bühne. Es kommt, wenn Raum ist.

Ihm diesen Raum zu schaffen, ist Ihre Aufgabe. Sie erfüllen sie, indem Sie Ihren Drachen beruhigen. Wenn dies gelingt und er sanft eindöst, wird sich Ihr Seelenwesen sofort und ganz von allein ausbreiten, mehr Raum einnehmen, aktiver sein. Liebe, Freude und Dankbarkeit fließen.

Mangel aktiviert den Drachen

Ihr Drache will unbedingt, dass Sie überleben. Deshalb versucht er sicherzustellen, dass von allem, was Sie zum Überleben brauchen, immer genug vorhanden ist. Stellt er fest, dass in irgendeinem der Bereiche, die er als überlebenswichtig definiert, ein Mangel herrscht, sieht er dringenden Handlungsbedarf und wird aktiv. Diese Aktivität des Drachen haben Sie bestimmt schon in Ihrem Alltag beobachtet. Mit großer Wahrscheinlichkeit kennen auch Sie Menschen, die aggressiv werden, wenn sie hungrig sind. Der Drache detektiert dösend, im Standby-Modus, einen Mangel an Nahrung und entscheidet: "Mangel an Nahrung ist lebensbedrohlich!" Auf einmal ist er hellwach und schickt völlig unreflektiert Aggression, um einen Angriff hervorzurufen – als ob wir die

Nahrung noch erjagen müssten ...Verstehen Sie, wieso ich sage, der Drache ist nicht der Hellste?

Und warum eskalieren Konflikte vorwiegend in Partnerschaften zu einem richtigen Streit? Partnerschaften haben (hoffentlich) etwas mit Liebe zu tun. In einem Konflikt mit dem Lebenspartner detektiert der Drache häufig einen Mangel an Liebe. Auch dieser Mangel weckt den Drachen auf, denn Liebe ist lebensnotwendig. Er reagiert mit Aggression. Der andere Partner fühlt sich wegen der Aggression wiederum auch nicht geliebt, auch sein Drache erwacht. Drachenkampf.

Oder Ertrinkende (zugegeben, keine Alltagssituation): Sie schlagen wild und unkontrolliert um sich und hören damit auch nicht auf, wenn ein Retter in der Nähe ist. Der Drache hat einen massiven Mangel an Luft entdeckt und flutet wiederum den Körper mit Aggression.

Wie Ihnen bei genauerer Betrachtung dieser Drachenaktivitäten sicherlich auffällt, sind alle der von ihm intendierten Handlungen für das tatsächliche Erreichen seines eigentlichen Ziels (Überleben) kontraproduktiv. Aggression wird im 21. Jahrhundert nicht dazu führen, dass Sie schneller etwas zu essen bekommen. Ihren Partner aus tiefster Kehle anzuschreien, wird ihn nicht dazu bringen, Sie wieder zu lieben. Das Um-sich-Schlagen des Ertrinkenden hilft beim Gerettetwerden wirklich nicht. Und die plötzliche Angst, die den Kletterer in der Wand überfällt, macht sein Überleben auch nicht wahrscheinlicher – denn Angst aktiviert den Sympathikus, unser "Stress und Gefahr"-Nervensystem. Bei dessen Aktivierung pumpt der Körper das Blut und die Kraft in die großen Muskeln, um schneller und effektiver weglaufen oder zuschlagen zu können. Einziges Problem: Zum Festhalten in der Wand benötigen Sie die kleinen Muskeln.

Der Grund für diese Kontraproduktivität ist, dass die Schutzmechanismen unseres biologischen Wesens hoffnungslos veraltet sind. Der Drache ist Natur, und wie überall in der Natur funktioniert Wandel und Veränderung durch Anpassung, durch Evolution. Evolution ist ein – an der Länge eines Menschenlebens gemessen – sehr langsamer Prozess. Viele tausend Jahre sind für sicht- und spürbare Veränderungen notwendig. Die wichtigsten Schutzhandlungen unseres biologischen Wesens, Flucht und Angriff, hervorgerufen durch Angst und Aggression, waren vor wenigen tausend Jahren, als Säbelzahntiger und Römer unsere größte Bedrohung waren, noch äußerst sinnvoll und hilfreich. Heute ist das anders. Wir leben also auf einer Zwischenstufe der Evolution. Unsere Lebensumstände haben sich in den letzten Jahrtausenden unglaublich rasant und massiv verändert. Der Drache nicht.

Wenn Sie dies lesen, wächst in Ihnen vielleicht der Gedanke, dass Sie Ihren Drachen doch auch ganz loswerden könnten. Irgendwo ein kleiner Schubs, ein Sturz von der Klippe … Aber das ist leider unmöglich. Sie können ihn nicht erschießen, nicht vergiften, nicht erschlagen. Und wenn Sie ihn und seine Produkte, die Emotionen, auch nur innerlich ablehnen, gießen Sie sogar Öl ins Feuer. Denn dann detektiert er sofort einen Mangel an Liebe, regt sich noch mehr auf und erzeugt noch mehr Emotionen. Ihr Drache gehört unwiderruflich zu Ihnen, und das ist auch gut so. Sie dürfen nie vergessen, dass er im Grunde seine Herzens *für* Sie ist. Sie möchten Hunger spüren, wenn Sie Nahrung brauchen, und Sie möchten sich auch wehren, wenn Sie angegriffen werden. Sie möchten wahrscheinlich auch mit Angst auf tatsächlich gefährliche Situationen aufmerksam gemacht werden. Ihr Drache und die von ihm geschickten Emotionen sind keinesfalls komplett überflüssig und negativ. Es geht um das richtige Maß und die situative Angemessenheit.

Um dies hinzubekommen, können Sie Ihren Drachen beruhigen. Sie können seine Gereiztheit mindern, seine Toleranz erhöhen. Falls Sie das möchten, sollten Sie ganz tief akzeptieren, dass er – genau wie Ihr Seelenwesen – ein Teil von Ihnen ist. Und dass er und auch die Emotionen, die er schickt, im Grunde eine positive Intention haben: Sie zu schützen. Reflexartig wehren nämlich die meisten Menschen die sich unangenehm anfühlenden Boten des Drachen ab: "Ich will das nicht fühlen!" Mein Vorschlag ist: Nehmen Sie auch diese Emotionen als zum Leben gehörig an. Lassen Sie sie zu. Zulassen bedeutet, dass Sie ihnen erlauben, durch Ihren ganzen Körper zu fließen. Bitte verstehen Sie das: Sie lassen die Boten des Drachen, die Emotionen, erst zu, wenn Sie sie *in Ihrem Körper zulassen*. Und ja, darauf haben Sie Einfluss. Haben Sie jemals auch nur halbwegs erfolgreich ein Weinen unterdrückt? Das war das Gegenteil vom

Zulassen einer Energie. Wenn Sie das können, können Sie auch zulassen. Unterlassen Sie einfach das Unterdrücken. Dann fühlt Ihr Drache sich wertgeschätzt, weil Sie seine Boten nicht ablehnen, und beruhigt sich sehr schnell wieder. Wie alles Lebendige will auch Ihr Drache gesehen und angenommen werden.

Die Beruhigung Ihres Drachen hat also einerseits etwas mit Annehmen seiner selbst und seiner Boten, der Emotionen, zu tun. Der andere, noch wichtigere Schritt ist aber, dass Sie liebevoll dafür sorgen, dass es keinen Mangel an den Dingen gibt, von denen er so sicher glaubt, dass Sie sie brauchen, um zu überleben. Wenn Sie das tun, wird er auch nicht aktiviert und liegt stattdessen ruhig, satt und zufrieden in der Ecke. Und kann jederzeit aufspringen, falls eine wirkliche Gefahr kommt und Sie ihn brauchen.

——— Merker ———

Um Ihren Drachen zu beruhigen, müssen Sie ihn und seine Produkte – die Emotionen – ganz annehmen und zulassen. Und Sie müssen dafür sorgen, dass er keinen Mangel an den aus seiner Sicht lebenswichtigen Ressourcen erlebt.

Vier (über-)lebenswichtige Ressourcen

Eigentlich brauchen Sie gar nicht so viel zum (Über-)Leben, denkt sich Ihr Drache. Sie brauchen Luft, Sie brauchen Energie (in Form von Nahrung oder Wärme oder Schlaf) und Sie brauchen Liebe. Denn ohne Liebe (vergessen Sie nicht, wie einfach Ihr Drache denkt) wird die Sippe Sie liegen lassen und die Säbelzahntiger werden kommen. Bestimmt. Ganz bestimmt. Neben Luft, Energie und Liebe gibt es aber noch ein vierte Ressource, auf deren Mangel der Drache äußerst wütend reagiert: Macht. Keine Macht zu haben bedeutet, nicht gestalten zu können. Ein in die Ecke gedrängtes Tier. Nichts ist aus Sicht des Drachen bedrohlicher, nichts erfordert mehr sofortiges und radikales Eingreifen, als keine Macht zu haben, denn dann können Sie

– so seine Logik – auch nicht für Luft und Energie und Liebe sorgen. Sie sind in Lebensgefahr. Mangel an Macht ist im Alltag der häufigste Aufwecker für den Drachen. Immer wenn Sie sich ärgern, ist dies eine Reaktion Ihres Drachen auf erlebte Machtlosigkeit. "Ärger" ist in diesem Fall nur der Name, den der Verstand der Energie Aggression gibt. Überprüfen Sie das gerne in Ihrem Erleben: Wie fühlt es sich auf körperlicher Ebene an, wenn Sie aggressiv sind – und wie, wenn Sie sich ärgern? Wenn Sie den Kontext nicht kennen würden – könnten Sie dann "aggressiv sein" von "sich ärgern" unterscheiden? Die erlebte Machtlosigkeit entsteht, weil Sie (möglicherweise ohne sich dessen bewusst zu sein) eine Situation ändern wollen, die Sie nicht ändern können. Wenn Sie mögen, können Sie in Ihrem Leben einmal den Zusammenhang zwischen Ärger und Machtlosigkeit beobachten. Fragen Sie sich einfach jedes Mal, wenn Sie sich ärgern: Habe ich gerade die Macht, die Situation, über die ich mich ärgere, so zu gestalten, wie ich sie gerne hätte?

———— Merker ————

Vier Mangelzustände aktivieren Ihren Drachen:

1. Mangel an Luft

2. Mangel an Energie (Nahrung, Wärme, Schlaf etc.)

3. Mangel an Liebe

4. Mangel an Macht

Fülle für Ihren Drachen

Schauen wir uns im Einzelnen an, was Sie tun können, um zu verhindern, dass Ihr Drache Mangel erlebt. Ein Mangel an Luft und Energie ist in unserer westlichen Gesellschaft relativ leicht zu vermeiden. Sorgen Sie dafür, dass Sie nicht frieren und dass Sie regelmäßig essen, schlafen und atmen. Dabei geht es auch um die Qualität des Essens, des Schlafens und des Atmens. Je besser Sie essen, je ausgeschlafener Sie sind und je besser die Qualität Ihrer Luftversorgung ist (was auch etwas mit Ihrer Atemtechnik zu tun haben kann – nicht umsonst gibt es Atemtherapien), desto entspannter ist Ihr Drache. Vielleicht haben Sie diese Art von Entspannung schon einmal im Urlaub erlebt, als Sie viel Schlaf, frische Luft und gutes Essen hatten.

Fülle – Auflösen
eines Mangels an Macht

Ein wenig komplexer ist die Mangelbeseitigung und -vermeidung in Sachen Macht. Es ist eine unveränderliche Tatsache, dass Sie über sehr viele Dinge in Ihrem Leben keine Macht haben. Und nie haben werden. Ob der Bus zu spät kommt, das Verhalten anderer Verkehrsteilnehmer, absolut sämtliche vergangene Ereignisse auf der gesamten Welt oder auch das Wetter. All diese Dinge liegen definitiv außerhalb Ihres Machtbereichs. Die simple Tatsache Ihrer Machtlosigkeit aber ruft den Drachen gar nicht auf den Plan. Er wacht nur auf, wenn Sie etwas, das außerhalb Ihres Machtbereichs liegt, verändern wollen – und er dadurch seine Machtlosigkeit *erlebt*. Ein Beispiel: Sie gehen an einem wunderschönen Sommertag spazieren. Über Ihnen ein strahlend blauer

Himmel, die Sonne scheint mit der für Sie genau richtigen Kraft. Es ist warm und weich und wundervoll. Haben Sie in diesem Moment Macht über das Wetter? Nein. Und stellt das ein Problem für Sie dar, wird Ihr Drache dadurch aktiviert? Auch nein. Die bloße Tatsache der Machtlosigkeit ist es also nicht, die das biologische Wesen aktiviert.

Wenn Sie aber an diesem Tag ein Bauer wären, dessen Felder gerade vertrocknen, hätten Sie vielleicht den Wunsch, das Wetter zu verändern. Sie würden, bewusst oder unbewusst, denken: "Es *soll* aber regnen!" Es ist Ihnen wirklich wichtig. Ihr Getreide stirbt. Sie können nicht damit leben, dass die Sonne scheint. Diese Soll-Vorstellung unterscheidet sich wesentlich vom Ist-Zustand (es *ist* so, dass die Sonne scheint). In dem Moment aber, in dem die Soll-Vorstellung in Ihrem Kopf auftaucht, wird sofort offensichtlich, dass Sie nicht dafür sorgen können, dass es regnet – und damit erlebt der Drache den Mangel an Macht. Er erzeugt Aggression. Sie ärgern sich.

——————— Merker ———————

Nur das Erleben eines Mangels an Macht
lässt Ihren Drachen aufwachen. Nicht der
Mangel an Macht an sich.

Den Zustand des Erlebens von einem Mangel
an Macht – die Existenz eines Spannungsfeldes
zwischen dem, wie Sie es gerne hätten, und dem,
wie es ist – nenne ich "mit etwas im Clinch liegen".
Sie wollen, wahrscheinlich unbewusst, die Situation
verändern, können es aber nicht. Es geht nicht
vor und nicht zurück. Die Situation ändert sich
nicht, und Sie ändern Ihren Anspruch nicht, dass
sie anders sein sollte. Es ist wie der Versuch, einen
30-Tonnen-Stahlträger mit bloßen Händen zu bewegen. Ungeheuer viel Energie wird investiert –
und es bewegt sich rein gar nichts. Sie liegen im
Clinch. Der Drache setzt in so einem Moment
des Im-Clinch-Liegens den Mangel an Macht mit
Lebensgefahr gleich und erzeugt Aggression, damit
Sie angreifen. Wen oder was eigentlich? Das Wetter?

Sie wecken also Ihren Drachen auf, indem Sie
eine dringende Vorstellung, wie etwas sein soll –
in Bezug auf etwas, das Sie nicht beeinflussen

können –, erzeugen. Wenn Ihnen aber etwas begegnet, das außerhalb Ihres Machtbereiches liegt, das Sie gutheißen, wird er nicht aktiv. Wenn die Sonne scheint und Sie sich darüber freuen, erleben Sie keinerlei Machtlosigkeit, obwohl Sie über das Wetter völlig machtlos sind. Das Problem ist also nicht die Machtlosigkeit an sich, sondern der Wille, etwas, über das Sie machtlos sind, zu verändern.

Ihr Drache wird sich im Umkehrschluss wieder beruhigen und weiterdösen, wenn Sie Ihre Soll-Vorstellungen in Bezug auf Dinge, die Sie nicht verändern können, aufgeben. Sie gehen aus dem Clinch. Dann erlebt der Drache keine Machtlosigkeit – und erzeugt infolgedessen keine Emotion. Das nennt man Hingabe.

Hingabe

Der Mensch hat immer das Bedürfnis nach Passgenauigkeit, Übereinstimmung zwischen Situationen, in denen er sich aufhält, und seinen Wünschen und Bedürfnissen. Das ist völlig normal und auch richtig so. Um diese Passgenauigkeit zu erreichen, gibt es zwei Methoden. Die erste ist die Methode des "Gestaltens". Dies bedeutet, dass Sie versuchen, die Situation Ihren Wünschen und Vorstellungen anzupassen. Es ist wichtig, Vorstellungen zu haben und kraftvoll um deren Verwirklichung zu kämpfen. Darum möchte ich keinesfalls, dass Sie diese Methode generell aufgeben. Im Gegenteil, ich wünsche Ihnen, dass Sie Ihr Leben gestalten. Schwierig wird es nur, wenn Sie versuchen, Situationen zu gestalten, die durch Sie nicht veränderbar sind. Sie wenden dann die Methode des Gestaltens auf ungestaltbare

Situationen an. Sie versuchen, das Dreieckige durch das Runde zu hämmern. Sie treten in Clinch. Sie wecken Ihren Drachen auf und erleben Emotion, ohne irgendetwas zu erreichen.

Die zweite Methode ist die Methode der "Hingabe". Hingabe bedeutet, Passgenauigkeit zu erreichen, indem Sie die *Soll*-Vorstellung loslassen. Sie werden zu Sand und schmiegen sich perfekt in die Form der vorgegebenen Situation. Sie geben sich ihr hin. Tatsächlich ist die Passgenauigkeit, die durch Hingabe zu erreichen ist, höher als die, die durch Gestalten entsteht. Nichtsdestotrotz ist die von vielen Menschen präferierte Methode das Gestalten.

Gestalten und Hingabe sind zwei Seiten der gleichen Medaille, alternative Methoden zum gleichen Zweck: Passgenauigkeit. Nutzen Sie beide und wählen Sie situationsabhängig die passende. Gestalten Sie, was Sie gestalten können und wollen. Und geben Sie sich dem hin, was Sie nicht gestalten können oder wollen.

Hingabe – wie geht das?

Hingabe – ein hehres Ziel! Wie soll das gehen, wenn ich doch Bauer bin und den Regen wirklich brauche? Hingabe hat etwas mit Auf- und Abgeben zu tun und beginnt damit, einen wirklichen Willen zur Hingabe zu entwickeln, eine eindeutige Entscheidung für die Hingabe zu treffen. Dies geht nur, wenn Sie sicher sind, dass Hingabe die bestmögliche Lösung für Sie ist. Beleuchten Sie deshalb als Erstes, ob die Methode des Gestaltens nicht vielleicht doch Erfolgspotenzial hat. Wenn Sie als Bauer zum Beispiel damit im Clinch liegen, dass es nicht regnet – wie groß ist Ihre Chance, durch Gestalten dafür zu sorgen, dass es regnet? Falls Sie zu dem Schluss kommen, dass Sie mit der Methode des Gestaltens nicht dafür sorgen können, also keine Passgenauigkeit erreichen, durchleuchten Sie im nächsten Schritt, welche Konsequenzen es für Sie hat, wenn Sie es trotzdem weiterhin mit dieser Methode probieren. Tatsächlich regnet es dadurch keine Sekunde eher, Sie fühlen sich nicht gut und Ihre Energie ist im Widerstand gegen die Situation gebunden. Vielleicht sitzen Sie sogar auf einer Bank, sind mit Ärgern und innerlichem Schimpfen beschäftigt und haben eine richtig schlechte Zeit – während Sie mit Hilfe der Hingabe in einer guten Lebensqualität viele andere Dinge tun könnten, die Ihrer Landwirtschaft und Ihrem Ertrag guttäten.

Wenn Sie konkret und aktuell im Clinch mit etwas liegen, ist es wichtig, sich diese Fragen ganz langsam und bewusst zu stellen. Sprechen Sie sie wirklich innerlich aus und konzentrieren Sie sich darauf, eine sinnvolle Antwort zu finden. Sprechen Sie auch die Antwort innerlich aus und beten Sie sie sich, wenn notwendig, selbst wie einem kleinen Kind ganz langsam vor. Ihr Drache ist aktiviert, er schreit: "Angriff, Angriff!" Es ist außerordentlich schwer, bei diesem Lärm die Ruhe zu bewahren und klar zu denken. Aber es ist nichtsdestotrotz Ihr Job, sich trotz des Lärms alle Folgen Ihres Im-Clinch-Liegens sehr besonnen bewusst zu machen. Vielleicht kommen Sie so zu dem Schluss, dass Hingabe in diesem konkreten Fall tatsächlich die bestmögliche Lösung für Sie ist. Denn nur dann könnten Sie eine wirkliche Entscheidung für die Hingabe treffen.

Neben der Entscheidung zur Hingabe brauchen Sie im nächsten Schritt Gottvertrauen. Sie geben das eigene Gestalten auf, geben die Dinge aus der Hand. Das fühlt sich ohne Gottvertrauen unter Umständen sehr gefährlich an. Gottvertrauen bedeutet, dass Sie darauf vertrauen, dass es gut sein wird, auch wenn *Sie* sich nicht kümmern. Beachten Sie, dass ich nicht gesagt habe "... dass es so sein wird, wie Sie sich das vorstellen und wünschen". Es kann nämlich auch gut sein, dass es gut ist, wenn es anders ist, als Sie es sich vorstellen und wünschen. Gottvertrauen bedeutet, davon auszugehen, dass jedes Ding, jedes Ereignis auf der Welt einen Sinn hat, auch wenn ich ihn in diesem Moment (noch) nicht erkennen kann. Es wird gut sein. Wenn es jetzt nicht regnet, vielleicht vertrocknen dann meine Felder und ich gehe mit meiner Landwirtschaft bankrott. Dann bin ich gezwungen, mich auf meine wirklichen Stärken zu besinnen und werde endlich das, was ich immer werden wollte, nämlich Meteorologe.

Gottvertrauen bedeutet, davon auszugehen, dass scheinbar negative Dinge nur in meinem kleinen, immer eingeschränkten Bezugsrahmen das Prädikat "negativ" bekommen – und dass es einen größeren Bezugsrahmen gibt, in dem sie Sinn machen.

Vielleicht haben Sie die Geschichte des Extremsportlers und Canyonisten Aron Ralston gehört: Im April 2003 wählte er an einer Verzweigung eines amerikanischen Canyonsystems den rechts abzweigenden Canyon. An einer sehr schmalen Stelle dieses Canyons stürzte von oben ein ca. 500 kg schwerer Felsbrocken herab und klemmte seine rechte Hand zwischen Felsbrocken und Schluchtwand vollständig ein. Fünf Tage lang saß er fest, bis er mit Hilfe eines sogenannten Multitools (einer professionelleren Art Schweizer Taschenmesser, das auch eine Zange beinhaltet, umgangssprachlich "Leatherman" genannt) seine rechte Hand selbst amputierte, sie im Canyon zurückließ, noch 13 Kilometer lief und sich 12 Meter abseilte, bis Wanderer ihn fanden. In der vierten Nacht im Canyon hat er eine Vision: Ein kleiner Junge springt ihm auf den Arm, den rechten, und diesem Arm fehlt die Hand. Er spürte, dass dieser Junge sein eigener Sohn war, der zu dem Zeitpunkt im Canyon noch nicht mal gezeugt gewesen war. Diese Vision gab ihm die Kraft, das Unglaubliche zu tun und sich selbst ohne jede Betäubung die Hand zu amputieren. Heute ist dieser Sohn geboren. Aron trägt eine Spezialprothese, die es ihm ermöglicht zu klettern. Er war in David Lettermans "Late Show", und das Magazin "Gentlemen's Quarterly" kürte ihn zum Mann des Jahres 2003. Ein erfolgreicher Kinofilm ("127 Hours") wurde über seine Geschichte gedreht. Er ist ein Vorbild für viele Menschen und sagt von sich selbst, dass er sein Leben nun viel intensiver erlebt. In Anbetracht der Erfahrungen, die er machen durfte, so Aron, vermisst er seine Hand nicht.

Er sagt: *"Ich würde wieder den rechten Canyon wählen."*

——— Merker ———

Sie können verhindern, dass Sie Ihren Drachen durch einen Mangel an Macht aufwecken, indem Sie keine Soll-Vorstellungen in Bezug auf Dinge entwickeln, über die Sie

keine Macht haben. Dieses »Nicht-Vorhan-
den-Sein« einer Soll-Vorstellung nennt man
Hingabe. Dafür brauchen Sie Gottvertrauen.

Das Gegenteil von Hingabe ist »**Im-Clinch-
Liegen**«: Das können Sie tun, indem Sie eine
Soll-Vorstellung erzeugen, die sich von dem
Ist-Zustand unterscheidet. Der Clinch ist auf-
lösbar, indem Sie a) die Situation verändern
oder b) in die Hingabe gehen.

Im Clinch mit
der Vergangenheit

Im-Clinch-Liegen kann tief in Ihrem Unterbe-
wussten stattfinden und sich jeglicher Logik entzie-
hen. Sehr oft erzeugen Menschen Soll-Vorstellungen
in Bezug auf in der Vergangenheit liegende *Ist-* (beziehungsweise dann ja War-) Zustände. Und da es
nichts gibt, das mit so absoluter Sicherheit unge-
staltbar ist wie die Vergangenheit, erleben Menschen
auf diese Art und Weise Zustände größter Machtlosigkeit. Darauf reagiert der Drache dann natürlich
mit einer sehr starken Aktivierung und großen Emotionen. Plakativ zu beobachten ist das zum Beispiel,
wenn Sie sich den kleinen Zeh an einem Couchtisch
stoßen und fluchend und den Tisch anschreiend
auf einem Bein um eben diesen herumhüpfen. Das
Fluchen und Schreien ist Ausdruck Ihrer Aggression,

die durch Ihren Drachen erzeugt wurde, um die vergangene Situation des Sich-Stoßens anzugreifen und zu verändern. Absurd, oder? Aber so funktioniert es. Ausgelöst und aktiviert wurde der Drache durch einen – Ihnen eventuell unbewussten – Gedanken, der "es darf nicht so sein, dass ich mich gestoßen habe" lautete. In diesem Moment wollten Sie unbewusst die Vergangenheit verändern. Sie haben eine Soll-Vorstellung ("Es *soll* so sein, dass ich mich nicht gestoßen habe!") in Bezug auf etwas Vergangenes erzeugt. Diese unterscheidet sich vom War-Zustand (*"Es war* so, dass ich mich gestoßen habe!"). Gleichzeitig ist Ihnen mindestens unbewusst vollkommen klar, dass Sie diesen Soll-Zustand keinesfalls verwirklichen können – denn das Ereignis, das Sie verändern wollen, liegt in der Vergangenheit. Es ist eindeutig: Sie sind machtlos, die Soll-Vorstellung zu verwirklichen. Das aktiviert massiv Ihren Drachen, welcher Sie dann mit Aggression überflutet. Das Gleiche kann natürlich parallel und zusätzlich noch mit dem Ist-Zustand "ich habe Schmerzen" und dem Soll-Zustand "ich habe keine Schmerzen" passieren. Noch mehr Machtlosigkeit – noch mehr Aggression.

Wenn Sie in so einer Situation – das Ereignis liegt in der Vergangenheit – Ihren Drachen wieder beruhigen oder gar nicht erst aufwecken wollen, gibt es nur eine einzige Möglichkeit: Erkennen Sie Ihre Machtlosigkeit, die Vergangenheit zu verändern, an und erlauben Sie der Situation, ganz genau so gewesen zu sein, wie sie war. Gehen Sie in die Hingabe.

Wenn Sie sich das Thema "Im-Clinch-Liegen mit Vergangenem" einmal genauer ansehen, wird Ihnen klar, dass ein absoluter Großteil des täglichen In-Clinch-Liegens sich auf Vergangenes bezieht. Der LKW-Fahrer *hat* Ihnen schon die Vorfahrt genommen, wenn Sie beginnen, sich darüber zu ärgern. Ihren Autoschlüssel *haben* Sie schon zu Hause liegen lassen, wenn Sie darüber grollen, dass Sie jetzt noch einmal zurück müssen. Und Ihre Partnerin oder Ihr Partner *hat* Sie schon angeschrien, wenn Sie zu dem Schluss kommen: "Das geht gar nicht!" Es gibt nichts, dass sich so absolut Ihrem Einfluss entzieht wie die Vergangenheit. Während Sie damit beschäftigt sind, mit der Vergangenheit in Clinch zu liegen, haben Sie eine niedrige Lebensqualität. Ihre gestaltende Energie ist in dem sinnlosen Versuch, die Vergangenheit zu verändern, gebunden, während Ihr Leben (das gerne gestaltet werden möchte) erbarmungslos (und eben nicht von Ihnen gestaltet) weitergeht.

Ein anderes Beispiel: Sie gehen auf dem Bürgersteig und fallen völlig unvermittelt in ein zwei Meter tiefes, ungesichertes Loch. Sie landen zwar halbwegs weich im Sand, aber sind doch tief erschrocken. Jetzt haben Sie die Wahl: Wenn Sie eine Soll-Vorstellung im Sinne von "ich hätte nicht in das Loch fallen dürfen" oder "es hätte eine Absperrung da gewesen sein müssen" erzeugen, wird Ihr Drache sofort Machtlosigkeit erleben und Ihnen Aggression schicken. Daraufhin sitzen Sie fluchend in diesem Loch. *"Wer um Himmels Willen hat hier nicht abgesperrt? Ich bringe ihn um!"* In der Zwischenzeit läuft oben vielleicht schon eine Passantin vorbei, die nur Ihre letzten geschrienen Worte gehört hat ... und geht schnell weiter. Alternativ dazu können Sie *erlauben*, dass Sie in dieses Loch gefallen sind, also in die Hingabe gehen. Sie erzeugen keine Soll-Vorstellung und haben dadurch keine Emotion. Sie können in Ruhe überlegen, was Sie tun wollen. Währenddessen ist Ihre Lebensqualität nicht durch Aggression vermindert, und sogar Ihr Seelenwesen kann in diesem Moment aktiviert sein. Da Sie still sind, hören Sie die Schritte der Passantin und bitten um Hilfe. Eine Minute später sind Sie aus dem Loch heraus und auf dem Weg ins Bauamt, um den Verantwortlichen zur Rede zu stellen und dafür zu sorgen, dass kurzfristig eine vernünftige Absperrung aufgebaut wird. Sie akzeptierten die Vergangenheit – und Sie gestalteten die Zukunft.

Amnestie statt Gesetzesänderung

Im-Clinch-Liegen hat oftmals etwas mit Ihrem Wertesystem, Ihren tiefen inneren (manchmal auch unbewussten) Gesetzen zu tun. Diese Ihre Gesetze beziehen sich auf das Verhalten von Menschen und auch darauf, wie Dinge und Situationen in Ihren Augen zu sein haben. Das ist nichts grundsätzlich Falsches, Werte geben Ihnen Halt und Richtung in Ihrem Leben. Vielleicht meinen Sie auch, dass, wenn sich nur alle nach diesen Gesetzen richten würden, alles gut wäre und Sie sich nicht mehr so viel ärgern müssten. Ob Sie damit Recht haben oder nicht, sei einmal dahingestellt, genau wie die Frage, ob es Ihnen guttut, wenn Sie erwarten, dass andere Menschen Ihre Gesetze befolgen. Aber völlig unabhängig davon kann und wird es vorkommen, dass andere Menschen gegen diese Gesetze (die Sie vielleicht für allgemeingültig halten) verstoßen. Oder dass Dinge oder Situationen nicht so sind, wie Sie es für gesetzt halten. In dem Moment aber, in denen Ihnen ein solcher Verstoß bewusst wird, hat dieser schon stattgefunden – und liegt damit zu 100 Prozent außerhalb Ihres Machtbereichs. Eine rückwirkende Veränderung ist unmöglich. Auch wenn absolut klar ist, dass Im-Clinch-Liegen ausschließlich negative Aspekte mit sich bringt, wehren Sie sich in einem solchen Moment vielleicht innerlich gegen die Methode des Erlaubens, der Hingabe. Sie haben vielleicht das Gefühl, Hingabe würde bedeuten, das Gesetz zu ändern. Sie haben vielleicht das Gefühl, Erlauben würde bedeuten zuzustimmen, dass Sie Unrecht damit haben, dass es hätte anders sein müssen. Beides kommt aus Ihrer Sicht verständlicherweise nicht in Frage.

Sie haben alternativ die Möglichkeit, nicht das Gesetz zu ändern, sondern eine einmalige Ausnahmeregelung in Bezug auf diesen konkreten und schon vergangenen Verstoß zu erlassen. Eine Amnestie für diesen einen – in der Vergangenheit liegenden – Gesetzesverstoß. Begeben Sie sich dabei in die Größe und den (inneren) Reichtum eines Königs oder einer Königin: "Ich, König Sören, erlaube diesem LKW-Fahrer, mir die Vorfahrt genommen zu haben!" Beachten Sie die grammatikalische Zeit dieses Satzes: Sie erlauben nur, dass er Ihnen die Vorfahrt genommen *hat*, nicht, dass er es in Zukunft tut. Vielleicht möchten Sie auch Dinge unternehmen, um zukünftige Missetaten zu verhindern – hinter ihm herfahren, ihn anzeigen, ihm die Reifen zerstechen. All das liegt noch im Bereich Ihrer Möglichkeiten, auch wenn Sie die Amnestie erteilt haben. Nur werden Sie das alles kraftvoll und aus Ihrem eigenen Willen und in einer viel höheren Lebensqualität tun, da Sie, während Sie es tun, keine Aggression empfinden. Wenn Sie möchten, fragen Sie sich, wer von dieser Amnestie profitiert.

Zusammengefasst: Sie können Ihren durch Mangel an Macht aktivierten Drachen beruhigen oder gar nicht erst aktivieren, indem Sie keine Soll-Vorstellung in Bezug auf Situationen erzeugen, die Sie nicht gestalten können (Hingabe). Sortieren Sie sauber zwischen Situationen, die Sie gestalten können, und Situationen, die Sie nicht gestalten können. Gestalten Sie Erstere kraftvoll und nutzen Sie die Methode Hingabe, um mit den anderen Ihren Frieden zu schließen. Vergangene Situationen sind niemals durch Sie gestaltbar. Akzeptieren Sie die Vergangenheit – und Ihre Gestaltung Ihrer Zukunft wird wesentlich effektiver und in einer höheren Lebensqualität für Sie stattfinden. Nutzen Sie für das Akzeptieren der Vergangenheit als Methode die Amnestie in dem Bewusstsein, dass eine Amnestie keine Gesetzesänderung ist.

Fülle – Auflösen
eines Mangels an Liebe

Wenn Ihr Drache durch einen Mangel an Liebe aktiviert worden ist, müssten Sie natürlich diesen Mangel beseitigen, damit er sich wieder wohlig einkuschelt und weiterdöst. Leichter gesagt als getan – denn wo bekommen Sie mal eben so auf Knopfdruck Liebe her? Sich selbst lieben, Eigenliebe? Das wäre eine Möglichkeit, aber an diesem Thema arbeiten viele Menschen jahrelang, ohne wirklich erfolgreich zu sein.

Die Lösung ist einfacher, als Sie vielleicht denken: Um einen Mangel an Liebe aufzulösen, müssen Sie lieben. Egal wen oder was. So einfach ist es. Damit geht es tatsächlich um Eigenliebe, aber in einem anderen Wortsinn, nämlich um *Ihre eigene Liebe*. Wenn Sie lieben, haben Sie Liebe – und Ihr Drache lässt ganz brav die Augen zu.

Stellen Sie sich einen Behälter in sich vor, zum Beispiel eine wunderschöne Karaffe. Diese Karaffe ist Ihr ganz privater Liebesvorratsbehälter. Befüllt wird er bei Erwachsenen von unten, mit Ihrer eigenen Liebe. Wenn Sie tief und stark lieben, fließt von unten ständig neue Liebe in Ihre Karaffe. Sie kann also oben überlaufen wie ein wundervoller Brunnen. Ihr Drache nimmt diese Fülle wahr. Er sieht aus dem Augenwinkel den vorhandenen Vorrat an Liebe in der Karaffe, fühlt sich wohlgenährt und sicher und erlebt keinen Mangel an Liebe. Egal was im Außen passiert. Selbst Ablehnung und Zustimmungsverlust, die der Drache normalerweise als Mangel an Liebe deutet, sorgen – wenn Ihre Karaffe gut gefüllt ist – nicht mehr dafür, dass er aktiviert wird. Kennen Sie diese Menschen, von denen man sagt, sie seien "in ihrer Mitte" oder "die Ruhe selbst"? Das sind Menschen, die lieben. In ihnen fließt Liebe, ruhig und beständig, in vielen Minuten ihres Lebens. Es gibt nichts, was den Drachen mehr beruhigt als eine überlaufende Karaffe.

Aktiv lieben

Um einen wirklich entspannten Drachen zu haben, ist es deshalb unabdingbar, die Fähigkeit zu entwickeln, aktiv und bewusst zu lieben. Nur dann fühlt er sich sicher und satt und lässt Ihrem Seelenwesen Raum. Lassen Sie uns dazu einmal das Thema Liebe genauer anschauen. Vielleicht denken Sie wie die meisten Menschen, dass das wundervolle Gefühl Liebe nur im Zusammenhang mit bestimmten Menschen oder bestimmten Lebewesen, die möglichst auch noch zu Ihrem engeren Umfeld gehören und zu denen Sie eine möglichst gute Beziehung haben, erlebbar ist. Das stimmt nicht. Sie brauchen keinen bestimmten Menschen, kein bestimmtes Lebewesen, um diese Energie fließen zu lassen. Sie können aktiv lieben.

Liebe ist die unfassbare, nicht erklärbare Energie, die uns morgens aufwachen lässt, die Zeugung ermöglicht, die Zellteilung und Fotosynthese hervorbringt. Sie pulsiert in absolut allen Lebewesen. Sie erzeugt das Wunder der Lebendigkeit. Sie können das Erleben von Liebe in Ihnen aktiv herbeiführen, wenn Sie mit dieser Energie, diesem Pulsieren in anderen Lebewesen in Kontakt treten und sich von dem Wunder, dass sie lebendig sind, berühren lassen. Dann kommt Ihre Liebe ins Fließen und Vibrieren, und Sie befüllen Ihre Liebeskaraffe von unten. Fließende Liebe fühlt sich übrigens im Körper wundervoll an. Es ist eine sehr schöne Empfindung mit Zentrum im Brustbereich, die aber auch bis in den ganzen Körper und sogar in die Fingerspitzen reichen kann. Eine Aktivierung, bei Männern häufig frisch und leicht prickelnd, bei Frauen häufig warm, aber immer sanft. Denken Sie vielleicht an Mineralwasser mit einer mittleren Menge Kohlensäure, das sich in Ihnen ausbreitet. Liebe ist ein Gefühl und entstammt natürlich der Seele. Es ist wundervoll.

Falls Sie nicht gerade ein Wüsteneinsiedler sind, sind Sie von Lebewesen umgeben, täglich und in großer Menge. All diese Lebewesen haben für ihren Tag Ziele: die Physikklausur nicht zu verhauen, ein Zebra zu jagen oder das Auto in die Werkstatt zu bringen. Oder die Mücke, die Ihr Blut will – auch ein Ziel. Manche haben beim Erreichen ihrer Ziele Erfolg, andere scheitern. Wenn Sie sich von der Lebendigkeit dieser Lebewesen berühren lassen möchten, vergessen Sie den Erfolg, vergessen Sie das Scheitern und erkennen Sie das unglaubliche Wunder dahinter: Diese Lebewesen bewegen sich, haben Ziele! Es gibt sie! Sie sind lebendig! Beobachten Sie sie ganz genau, schauen Sie, wie die Beine der Mücke sich bewegen, und erstarren Sie in vollkommener Demut vor diesem Wunder. Erlauben Sie dem Wunder, Sie zu berühren, und Sie werden eine Aktivierung in Ihrem Brustbereich wahrnehmen können. Die Energie, die Sie jetzt in Ihrer Brust spüren können – das ist Liebe. Sie sind "in Liebe". Vielleicht fühlt es sich nicht so intensiv, so dicht und deutlich an, wie Sie bisher dachten, dass Liebe sich anfühlen würde oder müsste. Aber es ist Liebe in Reinform – sanft, aktiviert und verbindend. Sehr gut funktioniert das Sich-vom-Wunder-des-Lebens-berühren-Lassen auch mit Kleinkindern und Hundewelpen. Beobachten Sie diese beim Versuch, ihre aktuellen Lebensziele zu erreichen, beim Stolpern, beim In-die-Hose-Machen, beim Sprechen-Üben. Stellen Sie sich zum Beispiel ein Kind mit 12, 13 Monaten vor, das gerade laufen lernt. Es steht etwas unsicher auf den Beinen, hält sich noch irgendwo fest, nimmt dann seinen ganzen Mut zusammen und läuft mit vorgereckten Ärmchen in Richtung seiner Mutter. Sein Ziel ist es, seine Mama laufend zu erreichen. Es will es ganz stark – und mitten auf dem Weg fällt es so richtig auf die Nase. Was denken und fühlen Sie als Beobachter in diesem Moment? Denken Sie: "Was für ein Versager, dieses Gör, es kann ja noch nicht einmal laufen!"? Unwahrscheinlich. Eher werden Sie Mitgefühl haben, spüren Berührtsein und Freude gleichzeitig, wollen ihm helfen, es auf seinem Lebensweg unterstützen. Sie lassen sich von dem Wunder seiner Lebendigkeit, des Versuchens, des Scheiterns, des Wiederaufstehens, sprich, des Auf-dem-Weg-Seins berühren. Sie spüren eine Aktivierung in Ihrem Brustbereich. Sie sind *in Liebe.*

Darum geht es. *In Liebe sein.* Wenn Sie Ihre Liebe fließen lassen, fühlen Sie sich vollständig und genährt. Ihr Körper ist entspannt, aber aktiviert, Sie fühlen sich leicht, agil und verbunden. Liebe ist die verbindende Energie zwischen allen Lebewesen auf der Welt. Wenn Sie in Liebe sind, fühlen Sie sich mit allem Leben auf der Welt verbunden, auch wenn man Sie völlig allein am Nordpol eingebuddelt hat. Sie ruhen tief in sich selbst und fühlen sich sicher. Ihr Drache ist ganz ruhig, Ihr Seelenwesen aktiviert. Sie sind autonom und können aus Ihrer Seele heraus handeln, da Sie Ihr Handeln nicht danach ausrichten müssen, Liebe von anderen zu bekommen. Andere Menschen werden unbewusst Ihre Nähe suchen.

Wenn Sie dagegen nicht in Liebe sind, fühlen Sie sich immer einsam, egal wer bei Ihnen ist. Wenn Sie nicht in Liebe sind (also keine Liebe "haben"), werden Sie mit allen Mitteln versuchen, Liebe von anderen zu bekommen, auch um den Preis der Selbstverleugnung - denn Sie brauchen Liebe. Ihr Drache ist ständig leicht oder auch stärker aktiviert. Sie sind empfindlich, gereizt und können mit Kritik schlecht umgehen. Aus diesem nicht so angenehmen Zustand heraus versuchen viele Menschen verzweifelt, Liebe von anderen Menschen zu bekommen. Das Problem ist: Das geht nicht. Liebe fließt nicht von einem Erwachsenen zum anderen. Die Illusion, dass Liebe von jemand anderem zu Ihnen fließen könnte, entstand, als Sie Ihre eigene fließende Liebe im Zusammenhang mit der Liebe eines anderen Menschen zu Ihnen erlebten. Unbewusst führten Sie das wundervolle Gefühl der fließenden Liebe in sich auf die Liebe des anderen zurück – und glaubten in diesem Moment, seine (oder ihre) Liebe sei zu Ihnen geflossen und hätte dieses schöne Gefühl in Ihnen verursacht. Spätestens seitdem suchen Sie vielleicht (manchmal verzweifelt) nach Menschen, die bereit sind, Sie zu lieben – in der Hoffnung, dann dieses schöne Gefühl wieder (und möglichst dauerhaft) erleben zu dürfen. Und ja, natürlich gibt es einen Zusammenhang zwischen dem anderen Menschen, der Sie liebt, und Ihrem Gefühl. Ein Mensch, der liebt, ist viel besser dazu geeignet, Sie in Liebe zu bringen als ein Mensch, der sein Herz gerade verschlossen hat. Die Energie des Lebens pulsiert in ihm viel stärker. Aber es war damals nicht die Liebe des anderen, die Sie spürten. Die Liebe des anderen hat Ihnen nur geholfen, Ihre eigene Liebe in sich selbst endlich wirklich tief fließen zu lassen und zu spüren.

Sie ließen sich von der Liebe, der Lebendigkeit des anderen berühren. Was Sie wahrnahmen, war Ihre eigene, fließende und vibrierende Liebe. Sie können als Erwachsener keine Liebe von außen erhalten und Sie brauchen auch keine Liebe von außen.

Babys und Kinder dagegen brauchen Liebe von außen und können Liebe von außen bekommen, so wie sie Nahrung und diverse andere Dinge von außen brauchen und bekommen. Es gibt viele belegte Beispiele, in denen Babys mindestens schlechter gediehen, wenn sie nicht von außen geliebt und liebevoll und zärtlich behandelt wurden. Am meisten berührt aber hat mich die Geschichte einer Krankenschwester auf einer Frühgeburtenstation. In den 1970ern war es medizinische Überzeugung, dass Frühchen nicht aus dem Brutkasten genommen werden dürfen, um Infektionen zu vermeiden. Irgendwann aber merkten die Ärzte der Station, dass die zu früh geborenen Babys in einer Abteilung dieser Station wesentlich besser gediehen als in anderen. Sie befragten die Krankenschwester, die dann seufzend zugab, dass sie es nicht ausgehalten hätte. Sie wäre von diesen kleinen Wesen so berührt gewesen, dass sie sie herausgenommen und gehalten, gekuschelt und gestreichelt hätte. Dies war der einzige Unterschied zu den Abteilungen, in denen die Frühchen weniger gut gediehen. Es ist Liebe geflossen von dieser Krankenschwester zu den Frühchen; sie hat sie genährt. Babys und Kinder haben noch die Fähigkeit, sich von der Liebe anderer zu nähren. Es ist wie eine unsichtbare Nabelschnur, und die Kinder brauchen auch tatsächlich die Liebe von außen für ihre Entwicklung. Wenn sie fehlt, ist das an einem sehr aktiven biologischen Wesen und viel Aggression erkennbar. Irgendwann in der Pubertät löst sich diese Nabelschnur auf, und ab diesem Zeitpunkt muss jeder alle Liebe, die er braucht, durch sich selbst finden. Es ist nicht mehr möglich, von anderen damit versorgt zu werden. Ich formuliere mit Absicht "*durch* sich selbst finden" und nicht "*in* sich selbst finden", denn die Quelle der Liebe ist nicht der Mensch. Die Quelle ist etwas Größeres, Übergeordnetes. Vielleicht möchten Sie es Gott oder das Universum nennen. Ihre Seele ist ein Teil dieses Größeren, so wie das Wasser in einer Bucht ein Teil des Meeres ist. Die Liebe kommt aus dem Meer und fließt in die Bucht. Erfreulicherweise impliziert das auch, dass es unendliche Vorräte an Liebe gibt. Im Gegensatz zu dem, was Sie (und viele andere) vielleicht erleben, existiert nicht der allergeringste Mangel an Liebe. Die Herausforderung ist, die Verbindung zwischen Bucht und Meer herzustellen und zu behalten. Das wiederum passiert sofort und von allein, wenn Ihr Drache ganz still und Ihr Seelenwesen ganz wach ist.

Da Liebe nicht von einem Menschen zum anderen fließen kann, ist jeder Versuch, sie von anderen zu bekommen, von vornherein zum Scheitern verurteilt. Das Höchste, was man von anderen in diesem Sinne bekommen kann, ist Zustimmung. Zustimmung ist ein mageres, nicht wirklich nährendes Substitut für Liebe, quasi Fastfood. Dennoch richten viele Menschen ihr Leben – meist unbewusst – weitgehend darauf aus, die Zustimmung der anderen zu erringen. Aber unabhängig davon, wie viel Zustimmung sie bekommen – der Mangel an Liebe bleibt. Denn selbst wenn Ihre angepassten Handlungen Liebe beim anderen hervorrufen würden (was unwahrscheinlich ist), könnte diese ja nicht zu Ihnen fließen.

Ihre Karaffe bleibt leer, denn sie kann nicht von oben befüllt werden. Also versuchen Sie es noch einmal, jetzt schon in etwas größerer Not, handeln noch angepasster, noch unauthentischer. Sie wenden eine nicht funktionierende Methode einfach noch intensiver an. Funktioniert auch nicht. Gut, dann noch mehr davon. Das ist das Gegenteil von Freiheit. Das ist das Gegenteil von Selbstverwirklichung. Das ist das Gegenteil eines aktivierten Seelenwesens. Sie kommen nicht auf die Idee, sich durch Lieben mit Ihrer eigenen Liebe zu nähren, Ihre Karaffe von unten zu befüllen. Sie kommen nicht auf die Idee, in die Liebe zu gehen.

Gehen wir zurück zu dem Kleinkind, das gerade laufen lernt. Was genau haben Sie getan, um sich von ihm in die Liebe helfen zu lassen? Erstens, Sie haben dem Kind bewusst oder unbewusst zugestanden, noch nicht laufen zu können. Sie haben weder das Kind selbst noch den Punkt, an dem es in seinem Leben steht, beurteilt – es war, wie es war, und es hatte noch etwas zu lernen. Vielleicht haben Sie nichts davon innerlich formuliert, also gedacht, aber es nicht zu denken, ist ja auch die Abwesenheit einer Beurteilung. Und zweitens, Sie haben das Kind bei seinem Lebenskampf beobachtet, haben Scheitern oder Erfolg völlig außen vor gelassen und sich von der Lebendigkeit, der pulsierenden Energie des Kindes berühren lassen. Sie haben sich der Energie des Kindes geöffnet.

So kommen Sie in die Liebe.

——— Merker ———

Sie kommen in die Liebe, wenn Sie aufhören, ein Lebewesen zu beurteilen und sich stattdessen im Kontakt mit ihm und im Bewusstsein seines Lebenskampfes von dem Wunder seiner Lebendigkeit berühren lassen.

Sich ein kleines Kind, das gerade laufen lernt, in Ihr Bewusstsein zu holen, hat Ihnen geholfen, in die Liebe zu kommen. Das geht mit jedem Lebewesen. Aber natürlich gibt es welche, die besser geeignet sind, Ihnen dabei zu helfen, und welche, mit denen es nicht so gut geht.

In-Liebe-Sein ist ein temporärer Zustand. Sie werden immer wieder aus der Liebe fallen, wenn Sie nicht achtsam und dadurch nicht in Kontakt mit den Sie umgebenden Lebewesen sind. Oder wenn Sie sich auf das Beurteilen der Lebewesen fokussieren. (Wichtig: Das Beurteilen von Handlungen oder Aspekten der Lebewesen sorgt nicht dafür, dass Sie aus der Liebe fallen, nur das Be- beziehungsweise Verurteilen des ganzen Wesens.) Oder wenn Sie sich und Ihr Herz verschließen, sich nicht von dem Wunder der Lebendigkeit der Sie umgebenden Lebewesen berühren lassen und stattdessen das Lebewesen be- oder sogar verurteilen. Es ist Ihre Wahl, ob Sie nach dem Herausfallen wieder hineingehen. Sie wissen jetzt, wie das geht. Und Sie müssen diese Wahl immer wieder aufs Neue treffen, wenn Sie einen wirklich ruhigen Drachen und ein wirklich agiles Seelenwesen haben wollen. Wenn Sie glücklich sein wollen, geben Sie den Gedanken auf, dass Sie geliebt werden müssen, um wundervoll mit Liebe genährt zu sein. Erkennen Sie, dass Sie nicht den einen, ganz besonderen Menschen brauchen, um zu lieben. Sondern dass sich grundsätzlich jedes Lebewesen eignet, um in die Liebe zu kommen.

Und nutzen Sie diese Erkenntnis, um so viele Minuten wie irgend möglich pro Tag in der Liebe zu sein. Schauen Sie mit dem gleichen Blick, der gleichen Haltung, der gleichen Herzenswärme, die Sie für die Welpen haben, auf alle Lebewesen.

Auch auf sich selbst.

Lieben statt streiten

Lieben ist natürlich in manchen Situationen leichter, in anderen schwerer. Wenn Ihr Kind Sie zuckersüß anlächelt, ist es eher leichter. Wenn es gerade den Inhalt des halben Nutellaglases auf Ihrem neuen Flokati verteilt hat, ist es eher schwerer. Besonders schwer ist das Lieben natürlich, wenn ein Streit am Horizont aufzieht. Genau jetzt besteht die Gefahr, dass Sie aufhören, Ihre Liebe fließen zu lassen, aus der Liebe gehen. Auf einmal läuft Ihre Karaffe nicht mehr über, der Pegel beginnt sogar zu fallen. Ihr Drache erlebt keine Fülle mehr und klappt das rechte Auge auf. Eine kleine Gereiztheit (Energie der Aggression) wird spürbar, eine wachsame Abwehrhaltung. Ihr Gegenüber sagt falsche Sachen oder hat den falschen Ton. Beide Augen sind jetzt offen, ein leises, aber gefährlich klingendes

Knurren ist vernehmbar. Sie stoppen den Liebesfluss immer weiter, der Pegel in der Karaffe sinkt und sinkt. Ihr Drache faucht. Er schickt Ihnen immer mehr Aggression. Noch weniger Liebe fließt, was den Drachen NOCH WÜTENDER MACHT ... Es kommt vielleicht noch ein Mangel an Macht hinzu, da Sie Ihren Partner nicht dazu bringen können zu tun, was Sie wollen ... oder getan zu haben, was Sie wollten ... Der Drache in Ihnen spuckt jetzt Feuer, brüllt und gibt alles, damit Sie Ihr Gegenüber endlich mit physischer Gewalt angreifen. Das wiederum verhindern Sie mit Ihrem Bewusstsein aufgrund Ihrer Moralvorstellungen und Ihrer Intelligenz. Der Drache fühlt sich noch machtloser und verliert nun völlig die Nerven. Das kann sich bis zur vollkommenen Kontrollübernahme des biologischen Wesens steigern. Ausraster. Kontrollverlust.

Sie haben die Möglichkeit, das zu verhindern. Indem Sie lieben. Und so Ihre Karaffe wieder befüllen. Wobei völlig unwichtig ist, wen oder was Sie in so einem Moment lieben – es geht nur um die Menge der Liebe in Ihrer Karaffe.

Wenn es Ihnen in irgendeinem Moment dieses Streits gelingt, zum Beispiel an Ihre wundervollen

Kinder (oder an irgendein anderes Lebewesen, das Sie lieben) zu denken und Ihre Liebe für sie zu spüren, fließen zu lassen, füllen Sie Ihre Karaffe wieder und Ihr Drache beruhigt sich. Ihre Aggression verschwindet. Das klingt wie Zauberei, funktioniert aber großartig und das Lieben an sich ist, wie Sie wissen, ja gar nicht so schwer. Das Problem ist, in diesem Moment lieben *zu wollen*. Denn Ihr Drache hat Sie fest im Griff und redet Ihnen ein, dass Sie in diesem Moment kämpfen wollen und Liebe – pah, was ist das denn für ein Quatsch! TÖTEN und GEWINNEN ist hier gerade die richtige Idee!

Das klingt natürlich alles schon wieder recht herausfordernd. Und in irgendeinem buddhistischen Buch haben Sie bestimmt schon einmal etwas über "Liebe deine Feinde" gelesen und es dann schnell wieder weggelegt. Der Trick ist: Probieren Sie nicht, Ihren Feind – den Menschen, mit dem Sie gerade streiten – zu lieben; das ist ein klein wenig anstrengend und tendenziell überfordernd. Aber *spüren Sie Ihre eigene Liebe – egal zu wem – auch im Angesicht Ihres Feindes!* Auch das ist eine große Herausforderung, klar, aber so halten Sie Ihre Karaffe gefüllt, Ihren Drachen ruhig, Ihre Lebensqualität hoch und Ihre Wahlfreiheit am Leben. Dann können Sie immer noch entscheiden, dass Sie gerne streiten wollen – diesmal aber freiwillig.

Merker

Sie können jeden Mangel an Liebe (und damit jede daraus resultierende Emotion) sofort beseitigen, indem Sie lieben. Wen Sie in diesem Moment lieben, wen Sie nutzen, um Ihre Karaffe zu füllen, ist gleichgültig.

Schlagen wir den Bogen zu unserem ursprünglichem Thema: der Beruhigung Ihres Drachen. Da Nahrung und Luft in der westlichen Welt im Allgemeinen in halbwegs guter Qualität und Menge zur Verfügung stehen, können Sie Ihr Hauptaugenmerk darauf richten, den Mangel an Liebe und den Mangel an Macht zu vermeiden. Das allerdings ist nichts, was man einmal tut und dann nie wieder. Nein, es ist eher etwas wie Bettenmachen oder Zähneputzen, das immer wieder aufs Neue getan werden muss. Aber Sie werden mit der Zeit immer besser darin werden, die Aktivitäten Ihres Drachen zu erspüren und zu begreifen, auf welchen Mangel er reagiert und was er intendiert. Das wird es Ihnen ermöglichen, konstruktiv gegenzusteuern. Sie werden besser darin werden, ihn gar nicht erst aufzuwecken, indem Sie sich bewusst entscheiden, ob Sie die Methode "Gestalten" oder die Methode "Hingabe" wählen, um Passgenauigkeit zwischen sich und einer Situation zu erreichen. Und Sie werden seinen Schlaf zu dem eines Babys machen, indem Sie immer mehr Minuten pro Tag in der Liebe verbringen – was ja an sich auch schon sehr schön ist. Und vergessen Sie nicht: Auch Ihr Drache ist ein Lebewesen. Und damit geeignet, Sie in die Liebe zu bringen. Nutzen Sie ihn dafür! Sehen Sie ihn vor sich, fauchend, kämpfend ... Lassen Sie sich von seinem Lebenskampf berühren! Aber be- oder verurteilen Sie ihn oder die Emotionen nicht. Das ist wirklich wichtig. Wenn Sie Ihren Drachen oder die Emotionen, die er schickt, ablehnen, wird er stärker aktiviert und er erzeugt sofort noch mehr Emotionen! Nehmen Sie die Emotionen an, lassen Sie sie ganz zu, in Ihrem ganzen Körper ... und es wird schnell ruhiger werden.

Wenn Sie sich in diesen Dingen üben, wird mit der Zeit auch die generelle Reizbarkeit Ihres Drachen deutlich abnehmen und sein unruhiger Schlaf tiefer werden. Auch Ihre Fähigkeit zur achtsamen Beobachtung der Drachenaktivitäten in Ihrem Körper wird ausgeprägter werden und die Zusammenhänge zwischen Mangelzuständen und Emotionen werden völlig klar vor Ihnen liegen. Und wichtig: Die Beobachtung und das Beruhigen werden mit der Zeit wesentlich weniger anstrengend und aufwendig für Sie. Sie werden zum Profi im Drachenzähmen.

Das Seelenwesen aktivieren

Beseelt sein

Ein waches und aktives Seelenwesen strahlt und sorgt somit dafür, dass Sie strahlen. Andere Menschen nehmen diese neue, hellere Ausstrahlung wahr und fühlen sich davon angezogen. Ein aktives Seelenwesen verleiht Ihnen Lebendigkeit und Schönheit. Es bietet Ihnen Führung an und hilft Ihnen damit auf seine ganz eigene Art, Entscheidungen zu treffen. Wenn Ihr Seelenwesen wach ist, spüren Sie den Sinn hinter Ihrer Existenz und den Herausforderungen Ihres Lebens. Sie fühlen sich verbunden. Sie lieben. Sie sind *beseelt*.

Ein aktiviertes Seelenwesen fühlt sich immer hell und leicht an, niemals drückend oder fordernd (Energien, die sich dunkel, drückend und/oder fordernd anfühlen, entspringen ausnahmslos Ihrem Drachen). Meist sind die in Ihrem Körper wahrnehmbaren Energien des aktivierten Seelenwesens auch klar als eine oder mehrere seiner drei Grundenergien Liebe, Freude und Dankbarkeit zu erkennen. Manchmal aber schwingt das Seelenwesen auch auf eine für uns nicht exakt zu beschreibende oder zu deutende Art und Weise. Es leuchtet und vibriert einfach in uns. Das Wort Vibration meine ich hier wörtlich – es fühlt sich an, als wenn in Ihrem Oberkörper etwas schwingen, vibrieren würde, recht hochfrequent, als ob Brausepulver in Ihnen prickelte. Das Kribbeln im Bauch, das es auch an anderen Orten im Körper und in viel mehr als nur einer Art gibt. Wissen Sie, wovon ich rede? Kennen Sie diesen Zustand? Vielleicht müssen Sie weit in der Zeit zurückgehen, aber ganz sicher ist auch in Ihrem Körper die Erinnerung daran gespeichert, wie es sich anfühlt, ein aktiviertes Seelenwesen zu haben. Erinnern Sie sich. Vielleicht ein Moment in Ihrer Kindheit, versunken im Spiel ... Oder eine wahnsinnige Freude über ein Weihnachtsgeschenk. Es ist hilfreich, eine Vorstellung davon zu haben, was Sie suchen. Erinnern Sie sich. Wenn Sie mit der Zeit immer besser darin werden, Ihren Drachen zu beruhigen, wird auch das Ihnen dabei helfen. Und die Erinnerung wird aufsteigen. Daran, wie wundervoll es sich anfühlt, wie warm, wie hell, wie lebendig. Und dann könnte es passieren, dass ein unfassbarer, fast unglaublicher Gedanke in Ihnen auftaucht: Was wäre, wenn es tatsächlich möglich wäre, sich fast immer so zu fühlen? Unabhängig davon, was im Außen geschieht? Wie wäre es, *beseelt* zu leben?

Das Wichtigste, was Ihr Seelenwesen für seine Aktivierung braucht, ist Raum. Raum, den es sich gegen einen starken Konkurrenten wie den Drachen nicht selbst erkämpfen wird, denn obwohl es viel Kraft hat, ist sein Wesen nicht der Kampf. Es ist Ihre Aufgabe, diesen Raum zu schaffen, indem Sie Ihren Drachen beruhigen. Wie das geht, wissen Sie inzwischen. Ein beruhigter Drache ist schon mehr als die Hälfte dessen, was es braucht, um ein stark aktives Seelenwesen zu haben und um dadurch deutlich vermehrt Liebe, Freude und Dankbarkeit zu spüren. Falls Ihnen gut die Hälfte aber noch nicht genug ist, können Sie mehr unternehmen, um Ihr Seelenwesen hervorzulocken, es zu aktivieren.

Achtsamkeit

Ihr Seelenwesen liebt es, gesehen oder gehört zu werden. Deshalb wartet es auf Ihre vollkommene Aufmerksamkeit, bevor es sich zeigt. Es wartet, dass es im Zuschauersaal ganz still wird. Erst dann geht es auf die Bühne. Wieso sollte es auftreten, wenn keiner hinschaut? Wenn Sie also Ihr Seelenwesen hervorlocken möchten, müssen Sie beginnen, die leere Bühne zu beobachten. Ganz still und aufmerksam. *Bevor* es da ist. Das ist der wichtige Punkt: Ihr Sehen, Ihre Wahrnehmung, muss sich im ersten Schritt auf die Abwesenheit oder die Inaktivität Ihres Seelenwesens richten. Es muss das Gefühl haben, dass es gesehen werden *würde*, wenn es sich *zeigte*. Sie dürfen nie vergessen, wie schüchtern, wie sanft und wie leise das Seelenwesen ist. Niemals wird es sich Ihnen aufdrängen, niemals wird es Ihnen laute Impulse schicken, niemals wird es um Ihre Aufmerksamkeit buhlen. Niemals wird es die Bühne betreten, bevor Sie hinschauen. Es vertraut darauf, dass Sie sich ihm irgendwann zuwenden werden. Erst dann kommt es. Sie sind es also, der beginnen muss mit der Zuwendung. Sie müssen hinschauen.

Die Bühne des Seelenwesens ist Ihr Körper. In ihm drückt es sich aus, in ihm spüren Sie seine Energien. Hinschauen, auf die Bühne schauen bedeutet deshalb, sämtliche Vorkommnisse innerhalb Ihres Körpers zu beobachten. Ganz fein, ganz wachsam, beinah mit dem Blick eines detailversessenen Forschers alles wahrzunehmen, was es dort wahrzunehmen gibt. Vielleicht hilft Ihnen dabei auch die Vorstellung, dass Sie "in sich hineintasten". Mit Sicherheit können Sie nicht mit Ihren physischen Augen sehen, was in Ihrem Körper passiert. Also könnte es eine gute Idee sein, Ihren Tastsinn zu nutzen. Mit ihm können Sie nämlich nicht nur Druck, sondern auch Temperaturunterschiede und chemische Veränderungen wahrnehmen. Und seine Rezeptoren liegen nicht nur in Ihrer Haut, sondern in Ihrem ganzen Körper, auch innen. Wenn Sie etwas außerhalb von sich ohne Ihre Augen erforschen müssten, würden Sie sofort Ihren Tastsinn benutzen. Wieso also nicht auch, um etwas *in sich* zu erforschen?

Dort, in Ihrem Körper, gibt es immer etwas wahrzunehmen. In Wirklichkeit ist die Bühne niemals leer. Auch dann nicht, wenn Ihr Seelenwesen sie noch nicht betreten hat. Ständig wuseln Helfer, Statisten, andere Schauspieler und teilweise auch laute Störenfriede über sie. Ständig pulsieren Energien in Ihnen, von Hunger bis zu sexueller Erregung. Ständig gibt es etwas wahrzunehmen, von Ihrem Herzschlag bis zum Verdauungsprozess. Wenn Sie also Ihrem Seelenwesen das Gefühl geben möchten, es *würde* gesehen werden, wenn es sich *zeigte*, bleibt Ihnen nur, bedingungslos auf Ihre innere Bühne zu schauen – egal was dort passiert. Unabhängig davon, ob Sie es mögen oder nicht. Nur dann weiß Ihr Seelenwesen, dass es gesehen werden würde. Nur dann wird es kommen. Und nur dann werden die Statisten und Helfer, die Ihnen vielleicht nicht so gut gefallen, die Bühne verlassen. Wenn Sie sich abwenden, weil Ihnen der Vorspann nicht gefällt, beginnt der Hauptfilm nie.

Ihr Drache allerdings nutzt dieselbe Bühne wie Ihr Seelenwesen. Und wenn er noch aktiviert ist, besetzt er sie geradezu und lässt niemand anderen darauf. Dort führt er dann sein Drama auf, laut, dunkel, drückend und fordernd. Das sorgt erstens dafür, dass das Seelenwesen sich nicht zeigen wird. Das ist Ihnen bewusst. Aber zweitens vertreibt es auch noch die oder den Zuschauer. Kein Mensch will das sehen. Jetzt wird vielleicht auch noch einmal deutlich, warum es so essenziell ist, als Erstes den Drachen zu beruhigen: In wem er noch aktiv ist, der hat keinerlei Lust, in Kontakt mit seinem Körper und dem, was es dort zu spüren gibt, zu treten. Im Gegenteil, er wird eher wegschauen. Wegschauen bedeutet: Er trennt sich von seinem Körper ab. Menschen mit einem stark aktivierten Drachen haben fast immer ein schlechtes Körperbewusstsein. Sie mögen nicht mehr auf die Bühne schauen, schon gar nicht feinsinnig, denn da tobt der Drache. Und das Seelenwesen bleibt im Hintergrund, zusammengekauert irgendwo hinter ein paar alten Vorhängen.

Die Bühne des Seelenwesens zu beobachten bedeutet also, Ihren Körper und alles, was es in ihm wahrzunehmen gibt, zu spüren. Vollkommen wach, vollkommen aufmerksam. Und es aus ganzem Herzen willkommen zu heißen. Wenn Sie das tun, wird

Ihr Seelenwesen sich eingeladen fühlen. Es wird Ihre Aufmerksamkeit als Geschenk erleben, als ein "Du bist mir willkommen" – und sich zeigen. In all seiner Schönheit und Anmut.

Wenn Sie Ihr Seelenwesen aktiviert haben – durch Ihre stille, wache Aufmerksamkeit oder einen der anderen Wege, die wir im Weiteren noch besprechen werden – genießen Sie es. Genießen Sie, wie es sich anfühlt, das Kribbeln, die Vibrationen, das Helle, das Aktivierte. Ihr Seelenwesen liebt es so, gesehen zu werden! Deshalb motiviert Ihr Genießen es, weiterzumachen, heller zu leuchten, stärker zu schwingen. Wenn Sie möchten, dass das so bleibt, genießen Sie sein Leuchten. Treten Sie dazu in tiefen Kontakt mit den Energien, mit der Liebe, der Freude, der Dankbarkeit, dem Kribbeln und was es nicht alles zu spüren gibt. Beobachten Sie diese auf körperlicher Ebene, mit Ihrem Tastsinn. Spüren Sie sie ganz genau. Verfolgen Sie jede Veränderung, in der Frequenz, der Intensität, der Farbe, dem Ort, an dem sie in Ihrem Körper schwingen. Und hören Sie nicht wieder damit auf. In dem Moment, in dem das Beobachten endet, beginnt das Seelenwesen, sich enttäuscht zurückzuziehen. Kein wirklicher Künstler bleibt auf der Bühne, wenn sein Publikum nicht zuschaut.

Merker

Achtsames Beobachten Ihres Körpers, auch wenn Ihr Seelenwesen noch nicht aktiv ist, lockt es hervor.

Achtsames Beobachten der Energien, die zu Ihrem Seelenwesen gehören, verstärkt und verlängert die Aktivierung des Seelenwesens.

Das Ende des Beobachtens ist das Ende der Aufführung des Seelenwesens.

Das kontinuierliche Beobachten der Bühne, Ihres Körpers, aber ist eine Herausforderung. Denn unser Verstand hat das Ziel, uns zum Beispiel ein Kribbeln immer nur ganz kurz wahrnehmen zu lassen. Dann sagt er: "Aha, es kribbelt!" Und er beginnt, darüber nachzudenken, was er jetzt mit dem Kribbeln anfängt, woher es kommt, was es soll, was daraus folgt. Während dieses Nachdenkens allerdings spüren Sie das Kribbeln schon gar nicht mehr, denn Ihr Gehirn ist ja mit Denken beschäftigt und hat keine Zeit wahrzunehmen. Das Seelenwesen bemerkt dieses Nachlassen der Aufmerksamkeit und zieht sich leicht zurück, vibriert schon etwas schwächer. Nachdenken beziehungsweise Denken im Allgemeinen behindert also die Wahrnehmung und vermindert somit die Aktivität des Seelenwesens. Das ist nicht zuletzt der Grund für die Verteufelung des Denkens in vielen spirituellen Schulen.

Wenn Sie das verhindern wollen, können Sie das Kribbeln wahrnehmen ... und weiterhin wahrnehmen ... und weiterhin wahrnehmen. Der Trick ist, nicht wieder aufzuhören mit dem Wahrnehmen. Und die zweite Phase, das Darüber-Nachdenken, wegzulassen. Wahrnehmen und dann noch ein bisschen wahrnehmen. Und noch ein bisschen wahrnehmen. Diese kontinuierliche Wahrnehmung durch Sie ist warmer Sonnenschein für Ihr Seelenwesen, es aalt sich in bester Laune darin. Es fühlt sich wohl, angenommen und gewollt – und vibriert gleich noch etwas stärker.

Die Fähigkeit wahrzunehmen, was es genau in diesem Moment wahrzunehmen gibt, und im nächsten Schritt nicht ins Denken zu gehen, sondern kontinuierlich in der Wahrnehmung zu bleiben, nennt man Achtsamkeit. Achtsamkeit ist auch eine Art Zähmung des Verstandes. Denn während Sie achtsam sind, können Sie nicht denken – Ihr Gehirn ist ja mit Wahrnehmen beschäftigt. Immer wieder wird deshalb Ihr Verstand versuchen, Ihr Wahrnehmen, Ihre Achtsamkeit zu beenden und Sie wieder ins Denken, also ins Beschreiben, Analysieren und Bewerten zu bringen. Dies zu vermeiden und stattdessen in der Achtsamkeit zu bleiben, ist etwas, das die meisten Menschen üben müssen. Zu sehr sind wir es alle gewohnt, fast die gesamte Zeit im Nachdenken und nicht im Spüren zu verbringen, zu stark ist der Denkreflex. Bitte verstehen Sie mich nicht falsch – es geht nicht darum, gar nicht mehr zu denken. Nachdenken ist sinnvoll. Um Dinge zu verstehen, zu erfassen, Konsequenzen vorauszusehen und Ihr Leben sinnvoll zu gestalten. Es geht lediglich um die *Fähigkeit*, die *Möglichkeit* zu spüren, statt zu denken. Denn während Sie denken, können Sie nicht achtsam auf die Bühne schauen – und das eben ist die Grundvoraussetzung für ein aktiviertes Seelenwesen. Was wiederum eine Grundvoraussetzung für ein erfülltes und glückliches Leben ist.

Wenn Sie möchten, können Sie Achtsamkeit üben, trainieren. Auch anhand anderer Dinge als der Aktivität Ihres Seelenwesens. Sie können zum Beispiel genau jetzt, in diesem Moment, Ihre Füße wahrnehmen. Den Halt, den möglicherweise Schuhe Ihnen geben, die Temperatur an verschiedenen Punkten, wo sind die Schuhe eher enger, wo weiter? Erforschen Sie alles, was es dort zu spüren gibt, ganz genau. Nehmen Sie es wahr ... und weiterhin wahr ... und weiterhin wahr. Wenn sich Gedanken, Beschreibungen, Bewertungen oder auch anderes dazwischen drängelt, nehmen Sie es mit einem "Aha" zur Kenntnis und gehen Sie zurück zum Spüren. So trainieren Sie Ihre Fähigkeit, kontinuierlich und ohne Unterbrechung durch Gedanken wahrzunehmen. Lesen Sie gerne auch irgendwann weiter, aber lassen Sie sich dadurch nicht vom Spüren Ihrer Füße ablenken. Addieren Sie das Lesen lediglich zu der Wahrnehmung. Oder, ein anderes

Beispiel, Sie nehmen das nächste Mal, wenn Sie am Computer sitzen, beim Tippen den Kontakt Ihrer Finger mit der Tastatur wahr. Oder Sie spüren beim Zähneputzen Ihre Oberschenkel, beim Gehen Ihre Hüftgelenke. Auf diese Art und Weise können Sie sich selbst immer wieder kleine Übungsaufgaben stellen. Die Kontinuität der Achtsamkeit können Sie auch sehr gut üben, indem Sie beim Hören eines Musikstücks keinen einzigen Ton verpassen. Sie werden beobachten, wie Sie anfangs vielleicht an einer besonders schönen Phrase hängenbleiben, über sie nachdenken, sie positiv bewerten und während dieses Hängenbleibens die gerade laufende Passage verpassen. Sie werden auch beobachten können, wie das anstrengende Wahrnehmen Sie am Denken hindert – und andersherum, wie das Denken Ihre kontinuierliche Wahrnehmung unterbricht.

Wenn Sie immer wieder mit Hilfe solcher selbst gestellter Aufgaben sanft üben, gewöhnen Sie sich mit der Zeit dann auch daran, einmal nicht zu denken. Denn das kann sich am Anfang sehr ungewohnt anfühlen, ja manchen Menschen macht es sogar regelrecht Angst. Der Drache geht davon aus, dass Nicht-Denken gefährlich ist (denn im Denken

können Sie sich mit kommenden Gefahren ausei-
nandersetzen) und schickt deshalb Angst, um Sie
wieder ins Denken zu bringen. Aber das ist meist nur
eine milde Angst, und sie vergeht mit der Zeit. Denn
auch Ihr Drache ist lernfähig, und wenn er merkt,
dass in der Gedankenstille nichts Schlimmes passiert,
wird er sie auch zulassen.

Achtsamkeit üben und praktizieren können Sie
also, während Sie ganz normal Ihren Alltag leben.
Tippen Sie Ihre E-Mail *und* spüren Sie den Kontakt
zu den Tasten. Putzen Sie Ihre Zähne *und* fühlen
Sie Ihre Oberschenkel. Wenn Sie sich dann noch
entscheiden, sich möglichst oft insbesondere Ihrem
Oberkörper und den darin fließenden Energien
spürend zuzuwenden, wird Ihr Seelenwesen sich
eingeladen und willkommen fühlen. Und immer
öfter in Ihnen sein Stück der Liebe, der Freude und
der Dankbarkeit aufführen.

Wahrer Kontakt

Ist Ihnen schon einmal aufgefallen, dass es Begegnungen mit Menschen gibt, nach denen Sie sich so richtig aktiviert und erfrischt fühlen? Und es gibt Begegnungen, die lassen Sie - obwohl das Gespräch vielleicht sogar verbal-inhaltlich gut war - eher leer und passiv, manchmal auch angestrengt zurück. Das erste war eine Begegnung mit einem Menschen, dessen Seelenwesen aktiv war. Ihr und sein Seelenwesen sind in Resonanz miteinander getreten und haben sich gegenseitig aufgeschaukelt. Diese Art von Begegnungen liebt Ihr Seelenwesen, von ganzem Herzen. Es wird durch sie stark aktiviert, freut sich und beginnt zu leuchten. Das zweite war eine Begegnung mit einem Menschen, dessen Seelenwesen zum Zeitpunkt der Begegnung nicht so stark aktiviert war. Und Ihr eigenes Seelenwesen

hat sich in dem Versuch, in Kontakt mit dem anderen zu treten und es ins Schwingen zu bringen,
verausgabt.

Wenn Sie mögen, beobachten Sie das einmal.
Möglicherweise beginnen Sie dann, die Qualität
einer Begegnung auf eine andere Art zu beurteilen,
mit einem anderen Maßstab zu messen. Haben Sie
früher vielleicht die Gesprächsqualität, die Intelligenz oder die Aussagen des anderen beurteilt, können Sie jetzt, als eine zweite Ebene, die Qualität
der Resonanz Ihrer beiden Seelenwesen beurteilen.
Denn wahrer Kontakt ist der Kontakt zwischen
Seelenwesen.

Dies ist die Art von Kontakt, den alle Menschen,
vielleicht ohne es zu wissen, suchen. Um ihn zu
finden, braucht es einen Raum der Intimität, jenseits
aller Masken, jenseits von Richtig und Falsch.
Wenn Sie in einer Begegnung auch nur in die Nähe
dieses Raumes kommen, wird Ihr Seelenwesen hell-
hörig. Es hebt neugierig den Kopf. Das Gespräch
wird intensiver, Sie beschließen, noch etwas mehr
von sich preiszugeben. Ihr Seelenwesen beginnt
ganz sanft in einem warmen Orange zu leuchten.

Es tastet nach dem Seelenwesen Ihres Gegenübers, lädt es ein, indem es noch etwas heller strahlt. Sie öffnen sich weiter, energetisch und verbal. Es fühlt sich an, als ob Ihre Zellen alle etwas weiter werden würden, als ob helles Licht in diese weiter werdenden Zellen strömte. Orange wird zu Gelb. In Ihnen wächst der Wunsch, sich noch mehr zu zeigen, noch eine Hülle fallen zu lassen. Sie spüren, dass Sie Ihr Gegenüber jenseits der körperlichen Ebene berühren. Kontakt.

Echter Kontakt ist in jeder Begegnung möglich. Es ist wichtig, dass Sie das verstehen. Sie brauchen dazu keine Partnerschaft, keine geklärte Beziehung, kein vertrautes Verhältnis. Noch nicht einmal ein gutes Gespräch. Diese Dinge können helfen, sind aber nicht zwingend notwendig. Was Sie tatsächlich brauchen, ist ein Raum der Intimität. Sie können einen solchen Raum herstellen, indem Sie in Anwesenheit des anderen durch Achtsamkeit in Kontakt mit Ihrem Seelenwesen treten. Wenn Sie jetzt gleichzeitig ebenso achtsam völlig wertfrei auf Ihr Gegenüber schauen, verbinden sich Ihre beiden

Seelenwesen. Resonanz. Nach dieser Resonanz sucht Ihr Seelenwesen. Ständig schaut es sich nach anderen Seelenwesen um, hofft auf Kontakt mit Artgenossen. Es reckt den Hals, ist bereit. So, wie Kinder auf dem Spielplatz nach Kindern im gleichen Alter schauen. Und so, wie es Ihre Aufgabe ist, Ihren Kindern Kontakt mit Altersgenossen zu ermöglichen, ist es Ihre Aufgabe, Ihrem Seelenwesen Kontakt mit anderen Seelenwesen zu verschaffen. Mit möglichst aktivierten anderen Seelenwesen. Denn je aktivierter das Seelenwesen Ihres Gegenübers, desto mehr Resonanz, desto aktivierter Ihr Seelenwesen nach der Begegnung. Mehr Freude, mehr Liebe, mehr Dankbarkeit. Glück.

Vielleicht entsteht in Ihnen, während Sie dies lesen, auch ein leichtes Gefühl der Einsamkeit. Vielleicht sind Sie (Ihrem Erleben nach) der oder die Einzige in Ihrer Familie, Ihrem Umfeld, der oder die sich überhaupt für solche Themen interessiert. Vielleicht entsteht in Ihnen auch die Frage, wo um Himmels Willen Sie denn Menschen mit aktiviertem Seelenwesen finden sollen?

Sie sind nicht allein. So geht es vielen; viele Menschen suchen wahren Kontakt. Und dank der sozialen Netzwerke im Internet finden immer mehr von ihnen zusammen. Es gibt dort Gruppen, die sich mit Themen wie echte Kommunikation und wahrer Kontakt, Spiritualität, Intimität, Körperarbeit oder auch Seele beschäftigen. Innerhalb dieser Gruppen werden Veranstaltungen und Treffen angekündigt. Wenn Sie den Gruppen beitreten, können Sie anfangs online erste Kontakte knüpfen und dann vielleicht auch mal eine Veranstaltung besuchen. Und den Menschen in die Augen sehen. Und hoffentlich dort bei einigen das Strahlen einer wachen Seele erkennen. Außerdem hilft Ihnen das Meer. Eine Aktivierung in Ihrer Bucht strahlt immer ins Meer, wie ein Leuchtturm. Wenn Sie also Ihr eigenes Seelenwesen aktivieren und infolgedessen Ihre Augen leuchten, werden auch Sie von anderen gesucht und gefunden werden.

———— Merker ————

Umgeben Sie sich mit Menschen, deren Seelenwesen im Moment der Begegnung stark vibrieren. Suchen Sie den Kontakt zu solchen Menschen – möglichst oft und möglichst lange.

Stellen Sie wahren Kontakt her.

Kunst

Ihr Seelenwesen hofft, dass Sie es in der Welt ausdrücken, indem Sie ein Künstler sind. Wie sehr es es mag, wenn Sie singen, tanzen, malen, komponieren ... kreativ sind! Wie sehr es durch Ausdruck aktiviert wird! Es kommt ihm dabei allerdings nicht im Geringsten auf die "objektive" Qualität der Kunst an. Sondern ausnahmslos auf den Grad der Authentizität, der Übereinstimmung zwischen Seele und Dargestelltem. Je authentischer der Ausdruck, desto stärker die Aktivierung.

Authentischer Ausdruck ist zum Beispiel auch für innere Heilungsprozesse essenziell; in fast jeder psychosomatischen Klinik wird inzwischen mit Tanz- und Kunsttherapie gearbeitet. Innere Heilung wiederum ist nichts als eine Beruhigung des Drachens, eine Reaktivierung des Seelenwesens sowie eine Reinigung des Energiekörpers. Authentischer Ausdruck aktiviert das Seelenwesen.

Viele Menschen schrecken allerdings vor jeglichem Ausdruck dieser Art zurück; sie sind fest davon überzeugt, sie seien "vollkommen unkreativ". Das stimmt nicht. Niemand ist unkreativ. Keine Seele auf der Welt ist unkreativ. Gibt es einen kreativeren Prozess, als sich einen physischen Körper zu schaffen, um sich auszudrücken und Erfahrungen zu machen? Aber natürlich ist es möglich, dass Menschen den Kontakt zu ihrer Kreativität verlieren. Meist dadurch, dass das Ergebnis ihrer frühen und unverstellten Kreativität von Kunst- und Musiklehrern oder anderen Erwachsenen auf einer technischen, ergebnisorientierten Ebene negativ beurteilt wurde. Der Selbstausdruck wurde mit Ablehnung belohnt. Beurteilt wurde nicht der Grad der Authentizität, sondern technische Aspekte. Daraus ist eine große Angst entstanden, sich jemals wieder künstlerisch auszudrücken. Aber auch diese Menschen spüren ganz tief innen einen vielleicht sehr leisen Impuls, es doch zu tun. Sie lesen die Anzeigen im Stadtmagazin für "Singen für Nichtsänger" oder "Töpfern für Anfänger" oder "Intuitives

Malen", und es schüttelt sie innerlich. Es ist ein regelrechtes Zurückschrecken vor der Vorstellung des Sichtbarwerdens durch künstlerischen Ausdruck. Tatsächlich macht künstlerischer Ausdruck einen sichtbar. Aber wenn ich solche Angst davor habe, gesehen zu werden, was denke ich dann über die Schönheit dessen, was man sehen könnte?

"Ich könnte mich irren. Ich könnte mich irren mit dem, was ich über meine eigene innere Schönheit denke." Das ist ein wundervoller Gedanke. Ziehen Sie ihn in Betracht. Das Maß der Schönheit von etwas ist das Maß, in dem es die Seelenwesen anderer Menschen ins Schwingen bringt. Denken Sie über diesen Satz nach. Ist es möglich, dass das, was man sehen würde, wenn Sie Ihr Seelenwesen wirklich ausdrücken würden, in Wahrheit wahnsinnig schön wäre? Dass *Sie* in Wahrheit wahnsinnig schön sind?

Und nicht nur das Selbermachen, auch das Zuhören, das Zuschauen, das In-Kontakt-Treten mit der Kunst anderer ist äußerst seelenwesenaktivierend. Die Musik, die Malerei, der Tanz ... Ihr Seelenwesen liebt es auch, sich an diesem Ausdruck anderer Seelen zu laben. Es tritt in Resonanz mit dem, was ein Künstler von seiner Seele in sein Werk eingebracht hat. Wenn in einem Werk nichts von der Seele des Künstlers zu finden ist, wird es niemanden berühren. Und je besser es ihm gelungen ist, seine Seele, sich selbst in sein Kunstwerk einfließen zu lassen, desto mehr und intensiver werden die Menschen seine Kunst lieben. Um diese Liebe zu spüren, um sich von dem Ausdruck einer anderen Seele berühren und aktivieren zu lassen, gehen Menschen in Konzerte und Museen. Was Sie nach einem tollen Konzertabend, nach einer unglaublich guten Ausstellung fühlen – das ist Ihr aktiviertes Seelenwesen. Wissen Sie, wovon ich spreche? Ich meine *sich beseelt fühlen*. Selig sein. Suchen Sie dieses Gefühl, und Sie suchen ein aktiviertes Seelenwesen.

Selbstausdruck und Authentizität als Kunstform

Künstlerische Tätigkeit beschränkt sich aber nicht nur auf die darstellende Kunst, die bildende Kunst und die Musik. Jede Tätigkeit, jedes Produkt, das Ihre Seele ausdrückt, ist Kunst. Ein Lachen, ein Geschenk, ein Gesichtsausdruck, die Wahl Ihres Autos, wie Sie wohnen, welche Kleidung Sie tragen. Wenn es aus der Seele kommt, ist es Kunst. Und Sie ein Künstler. Und selbst Ihr Beruf oder die Wahl Ihres Urlaubsortes können Ausdruck Ihrer Seele sein. Sie haben also die Möglichkeit, sich nicht nur zu bestimmten Zeitpunkten, beim Chor oder in der Theatergruppe auszudrücken. Nein, Sie können dies in jeder Minute Ihres Lebens tun. Nichts mag Ihr Seelenwesen lieber. Gestalten Sie Ihre Wohnung, hören Sie nicht wahllos Musik, sondern die, die Sie wirklich berührt. Wählen Sie Kleidung, die Ihnen genau heute entspricht. Frauen können das besser als Männer, ihnen ist vollkommen bewusst, dass man für authentischen Selbstausdruck mehr als lächerliche zehn Paar Schuhe braucht. Je mehr und vollkommener Sie sich ausdrücken, bis in die Kleinigkeiten Ihres Lebens, desto stärker wird Ihr Seelenwesen aktiviert sein.

Wichtig dabei ist, dass das, was es gerade auszudrücken gibt, sich ständig verändern kann, ständig im Fluss ist. Wenn Sie zum Beispiel eine neue Information bekommen, gibt es oft sehr schnelle Wechsel in den Energien. Gerade eben waren Sie eher verstimmt, vielleicht sogar richtig schlecht gelaunt. Dann erhalten Sie eine gute Nachricht – und auf einmal flutet Freude durch Ihren Körper. Ideal wäre es, wenn beide Energiezustände sich sofort und direkt, ohne einen Umweg über Ihr Bewusstsein, in Ihrem Körper ausdrücken dürften. Vor der Nachricht vielleicht der etwas mürrische Gesichtsausdruck und die hochgezogenen Schultern, nach der Nachricht möglicherweise sogar ein lautes, freies Lachen als Ausdruck Ihrer Freude. Denken Sie einfach immer an Kinder ... wie unmittelbar sie ausdrücken, was sie fühlen! Das nennt man "Authentizität". Andere Menschen spüren, wie authentisch Sie sind. Ob das, was Sie sagen und ausdrücken, mit Ihrem aktuellen energetischen Zustand übereinstimmt. Ist das der Fall, bekommt Ihr Ausdruck Kraft und Glaubwürdigkeit. Menschen bekommen Kontakt zu Ihnen und vertrauen Ihnen. Wenn es nicht übereinstimmt, können Ihre Worte rhetorisch sensationell sein, Ihr Appell ehrenhaft und Ihr Auftreten fantastisch. Und niemand wird Ihnen folgen.

Glauben Sie nicht, Sie könnten wirklich verstecken, was Sie fühlen.

Interessant ist, dass viele Menschen mit ihren Worten schon die Wahrheit über ihre energetischen Zustände sagen, also: "Ich freue mich." Oder: "Ich bin gerade traurig." Oder: "Ich bin schlecht gelaunt." Währenddessen sagt ihre Körpersprache noch die Unwahrheit. Vielleicht kennen auch Sie jemanden, der umso mehr lächelt, je unangenehmer die Zustände sind, von denen er erzählt. Hinter diesem Lächeln kann er versteckt bleiben, in Sicherheit. Solange er nur darüber redet, es aber nicht in seinem

Körper ausdrückt, zeigt er sich und seinen energetischen Zustand nicht wirklich. Wörter sind nie ein Ausdruck eines energetischen Zustandes, sondern immer nur eine Beschreibung dieses Zustandes. Forschungen zur Kommunikation haben ergeben, dass Wörter nur ca. 9 bis 11 Prozent dessen, was Sie "sagen" (also senden) ausmachen. Die restlichen 89 bis 91 Prozent werden durch Körpersprache (insbesondere den Gesichtsausdruck) und Sprachmelodie bestimmt. Sie zeigen sich also erst wirklich, wenn Sie Ihrer Energie erlauben, sich in Ihrem Körper auszudrücken. Jetzt werden Sie sichtbar, und Sichtbarkeit ist die Voraussetzung für wahren Kontakt. Authentizität ist die Voraussetzung für wahren Kontakt. Wahrer Kontakt die Voraussetzung für Resonanz und Resonanz wiederum für die Aktivierung des Seelenwesens.

Ihre Bestimmung

Aber nicht nur die Energien, auch die Impulse, was es gerade zu leben gilt, ändern sich. Sie erkennen dies daran, worauf Sie gerade Lust haben. Das kann der Wunsch nach einem Eis sein oder das Gefühl, dass Sie wirklich gerne einen guten Film sehen würden. Es geht also auch um ganz kleine, alltägliche Dinge. Selbst hierfür steigen Impulse aus Ihrer Seele auf. Natürlich stimmen sie nur für diesen Moment; einige Stunden, Minuten oder sogar Sekunden später kann schon wieder etwas ganz anderes für Sie dran sein. Wenn Sie also wirklich authentisch sein wollten, müssten Sie die Impulse sofort im Moment des Aufsteigens verfolgen und realisieren. Das ist natürlich etwas problematisch. Denn einerseits haben Sie vielleicht für den Moment, in dem ein Impuls aufsteigt, schon etwas anderes geplant oder sind eine Verpflichtung eingegangen. Und andererseits bedeutet es, dass Sie nicht wirklich wissen können, was Sie am Sonntag um 17:00 Uhr gerne tun möchten, bevor es Sonntag, 17:00 Uhr ist. Das macht Planung etwas schwierig. Und natürlich braucht Ihr Alltag Planung, auch wenn Spontaneität in diesem Zusammenhang vielleicht noch einmal eine ganz andere Attraktivität bekommt. Aber Sie können versuchen zu erahnen, was für Sie dran sein wird, dies planen und um 16:55 Uhr noch einmal hineinspüren. Stimmt es noch? Und gegebenenfalls eine Planänderung vornehmen. Oder Sie verabreden sich nur generell im Sinne von "lass uns morgen um 3 etwas Schönes miteinander machen" – und was genau Sie tun, entscheiden Sie dann gemeinsam im Hineinspüren in den ersten Minuten des Treffens. Der Anspruch, authentisch nach Ihren Seelenimpulsen zu leben, muss Sie nicht zu einem unzuverlässigen Menschen machen. Denn natürlich können Sie sich auch an eine Verabredung halten, wenn Ihr Seelenwesen gerade etwas anderes möchte. Sie erinnern sich – es zwingt Sie nie zu etwas. Es ist immer sanft. Und es ist nicht böse, wenn der Alltag und die Verpflichtungen Sie zwingen, es einmal nicht zu verwirklichen. Stattdessen freut es sich darüber, gesehen worden zu sein, und vertraut darauf, dass Sie sich zu einem anderen Zeitpunkt ausführlich um seine Verwirklichung kümmern werden.

Natürlich verändert sich nicht alles in Ihrer Seele ständig. Einige eher größere Dinge sind dauerhaft und grundsätzlich dort angelegt; sie bleiben für dieses Leben auch durchgängig gleich: Ihr Geschlecht, ein paar wichtige Lernthemen, was Sie zu geben haben (Ihre Berufung), was Sie zu nehmen haben und einiges Weiteres. Aber all dies hat auch einen richtigen Zeitpunkt, zu dem es gelebt werden will. Es gibt immer etwas, das gerade jetzt für Sie "dran" ist. Das nenne ich Ihre "Bestimmung". Ihre Bestimmung zu einem bestimmten Zeitpunkt Ihres Lebens kann sich deutlich von grundsätzlich in Ihrer Seele angelegten Dingen, wie zum Beispiel Ihrer Berufung, unterscheiden. So kann es sein, dass es in einer Phase Ihres Lebens Ihre Bestimmung ist, Erfahrungen als Krankenschwester zu sammeln, während das Ausleben Ihrer Berufung als Raketenphysikerin erst zu einem ganz anderen Zeitpunkt dran ist. Oder es ist grundsätzlich in Ihrer Seele angelegt, in Japan zu leben, aber für ein paar Jahre sind Sie eben noch in Deutschland. Wie es Ihre Bestimmung ist. Auch in Bezug auf Partnerschaften gibt es Bestimmung, wer, wie, wie lange ... Und selbst eine sehr unglückliche Phase kann im Sinne Ihres Lebensplanes und damit zu einem bestimmten Zeitpunkt "für Sie dran" sein. Es ist sogar relativ wahrscheinlich, dass es an einigen Punkten in Ihrem Leben Ihre Bestimmung ist, Erfahrungen zu machen, die sich nicht angenehm anfühlen. Der Grund dafür ist, dass alle Seelen auch unangenehme Erfahrungen brauchen, um zu wachsen und zu lernen.

Wenn Sie sich diese Tatsache in schwierigen Phasen Ihres Lebens bewusst machen, können Sie sich dadurch eine "Meta-Ebene des Gutfühlens" schaffen. Stellen Sie sich vor: Sie leben in ferner Zukunft. In dieser Zukunft nun ist ein Mensch, der Ihnen sehr am Herzen liegt, schwer verunglückt. Er leidet heftige Schmerzen und liegt im Sterben. Die Medizin ist inzwischen weit fortgeschritten, und so gibt es für Sie die Möglichkeit, dass Sie Ihren Liebsten retten können, indem Sie für einen Tag seine Schmerzen tragen. Nach diesem Tag geht es dann sowohl Ihrem Liebsten als auch Ihnen wieder gut. Wie würden Sie sich an diesem Tag fühlen? Sie würden leiden, sehr, unter den schrecklichen Schmerzen. Aber auf einer anderen Ebene würden Sie sich vielleicht sogar fantastisch fühlen, weil Sie wüssten, dass Sie den geliebten Menschen auf diese Art, mit diesem Leiden, retten! Dass das, was Sie gerade ertragen, Sinn hat, richtig ist. Das ist die Meta-Ebene des Gutfühlens. Sie entsteht, wenn Sie spüren und darauf vertrauen, dass es *richtig* ist, dass Sie sich gerade in dieser Situation befinden. So unangenehm sie auch sein mag. *Richtig* meint hier lediglich: in Übereinstimmung mit Ihrer Bestimmung (und Ihre Bestimmung hat immer einen Sinn, auch wenn er sich Ihnen noch nicht erschließt). Ein schönes Beispiel sind Bergsteiger auf dem Mount Everest. Garantiert machen sie keine sich positiv anfühlende Erfahrung, während ihnen unter Sauerstoffmangel in absoluter Erschöpfung die Zehen abfrieren. Aber irgendwo, auf einer anderen Ebene, wissen sie: "Das, was ich hier tue, ist genau das, was ich jetzt tun soll. Ich bin hier richtig." Wenn das nicht so wäre, würden sie sofort absteigen.

Unangenehme und vielleicht sogar schmerzhafte Situationen können Sie demnach deutlich abmildern, indem Sie davon ausgehen, dass es einen Sinn dahinter gibt. Sie müssen diesen Sinn nicht erfassen und exakt benennen können, damit die Meta-Ebene des Gutfühlens entsteht (auch wenn das zusätzlich hilft). Es muss Ihnen nur gelingen, darauf zu vertrauen, *dass* es ein "Richtig" hinter dem "Unangenehm" gibt. Dann sind selbst schlimme Erfahrungen nicht mehr wirklich schlimm.

Bestimmung bedeutet also, dass es für alles einen richtigen Zeitpunkt gibt. Wann er kommen wird, können Sie mit Ihrem Verstand nicht berechnen. Sie wissen es niemals im Voraus. Ihre Seele teilt es Ihnen durch einen Impuls mit. Aber erst, wenn der Zeitpunkt gekommen ist, nicht im Voraus. In der Zwischenzeit können Sie lediglich erahnen und geduldig sein. Wenn Sie das nicht sind und probieren etwas, das grundsätzlich in Ihrer Seele angelegt ist, zu einem falschen Zeitpunkt zu realisieren, ist es zum Scheitern verurteilt. Mit relativ großer Wahrscheinlichkeit werden Sie dann in Clinch mit diesem Scheitern treten, Ihr Drache wacht auf und brüllt. Sie hören auch die nächsten Seelenimpulse nicht,

und es besteht die Gefahr, dass auch Ihre nächsten Handlungen nicht exakt das treffen, was gerade dran ist. Sie scheitern erneut. Ein Teufelskreis.

Also nicht nur, um Ihr Seelenwesen hervorzulocken und zu aktivieren, müssen Sie zuhören, sondern auch, um sich vielleicht ändernde Impulse wahrzunehmen. Sie müssen immer wieder aufs Neue erspüren, was für Sie gerade jetzt, in diesem Jahr, in dieser Woche, in diesem Moment dran ist. Im Großen wie im Kleinen. Und es dann vertrauensvoll tun. Wenn Sie auf diese Art leben, verwirklichen, manifestieren Sie Ihre Seele, also sich selbst. Diese Selbstverwirklichung wiederum ist es, die Ihr Seelenwesen noch stärker aktiviert, es mehr vibrieren lässt. Wenn es stärker aktiviert ist, spricht es auch lauter. Die Seelenimpulse sind besser zu hören und zu verstehen. Sie können - falls Sie möchten - Ihre Seele noch besser verwirklichen. So schaukelt es sich auf: Sie hören einen leisen Seelenimpuls - folgen ihm - leben so Ihre Bestimmung - Ihr Seelenwesen wird stärker aktiviert und schickt mehr und lautere Impulse - Sie folgen diesen - Sie leben mehr Ihre Bestimmung und so weiter. Ein Engelskreis.

Meditation

Das Seelenwesen will gesehen und gehört werden, das wissen Sie. Dazu müssen Sie beobachten und zuhören können. Beobachten und zuhören, nach innen lauschen, hat natürlich – Sie ahnen es schon – etwas mit Meditation zu tun. Das Seelenwesen ist leise, und Sie hören es nur in der Stille. Damit ist natürlich nicht nur die äußere Stille gemeint, nein, insbesondere die innere. Innere Stille hat etwas mit Aufhören zu tun. Ein Aufhören mit allem Tun, auch dem innerlichen: dem Denken, dem Beschäftigen mit Zukunft und Vergangenheit, dem Bewerten. Ein bisschen ist es so, als ob Sie sich auf dem Grund eines Sees befinden, in dem Ihre andauernden Bewegungen jede Menge Sedimente aufgewirbelt haben. Erst wenn Sie einige Zeit ganz stillhalten, können sich die Sedimente setzen – und Sie klar sehen.

In der Meditation wird nach einiger Zeit der Übung auch der Kontakt zu anderen aktivierten Seelenwesen hergestellt, außerhalb von Zeit und Raum. Ihr Seelenwesen liebt diesen Kontakt, freut sich und vibriert stärker. Deshalb ist die Meditation nicht nur eine gute Übung, um Ihre Seele zu hören, sondern auch an sich schon seelenwesenaktivierend.

Wenn Sie es einmal probieren wollen, nehmen Sie sich eine gute halbe Stunde Zeit und suchen oder schaffen sich einen schönen und ruhigen Ort. Sorgen Sie dafür, dass wirklich niemand Sie stören wird, so dass Sie sich ganz sicher fühlen können. Schalten Sie Ihr Handy aus. Sie brauchen eine Möglichkeit, gemütlich zu liegen, zum Beispiel auf einer Iso- oder Yogamatte. Gerne auch mit einem Kopfkissen, aber bitte machen Sie die Meditation nicht im Bett. Versuchen Sie schon die Vorbereitungen etwas ritualhaft auszuführen, bewegen Sie sich langsam, spüren Sie Ihren Körper, stimmen Sie sich ein. Denken Sie daran, auf welche Art ein Mönch oder eine japanische Geisha die Matte ausbreiten würde. Musik kann ein sehr hilfreicher Faktor sein. Achten Sie darauf, wie Ihnen ist: Möchten Sie Musik? Hilft sie Ihnen? Wenn Sie sich dafür entscheiden, wählen Sie bitte eine ruhige Meditationsmusik aus.

Es ist sinnvoll, Ihre erste Meditation im Liegen zu machen, auch wenn Sie wahrscheinlich Bilder von weißgewandeten Menschen im Lotossitz mit Meditation assoziieren. Die aufrechte Sitzhaltung ist tatsächlich für den Fluss der Energien besser, aber das Loslassen ist im Liegen wesentlich leichter. Sie können sich im wahrsten Sinne des Wortes im Liegen besser fallen lassen, denn nur im Liegen können Sie auch mit der Arbeit, Ihren eigenen Körper aufrecht zu halten, komplett aufhören. Der Boden darf diese Arbeit für Sie tun.

Um die Meditation zu beginnen, legen Sie sich entspannt auf den Rücken. Bitte schließen Sie nicht gleich die Augen. Kommen Sie erst einmal auf Ihrer Matte an. Treten Sie mithilfe Ihrer Sinne, also auch Ihrer Augen, in Kontakt mit allem, was Sie gerade umgibt. Nehmen Sie wahr, was es gerade im Außen wahrzunehmen gibt. Schauen Sie sich ganz in Ruhe, völlig entspannt im Raum um: Was gibt es hier zu sehen? Nehmen Sie den Staub wahr, das Licht ... Treten Sie in Kontakt. Schauen Sie an Stellen, über die Ihre Augen sonst nur hinwegfliegen, bemerken

Sie den Fleck an der Wand und die Art, wie das Sonnenlicht sich im Lack des Tisches spiegelt. Irgendwann werden Ihre Augen ein wenig das Interesse verlieren. Wechseln Sie dann mit Ihrer Aufmerksamkeit zu Ihren Ohren ... hören, was es zu hören gibt ... in diesem Raum ... draußen vor der Tür. Danach geht es weiter zu Ihrem Tastsinn. Mit ihm spüren Sie Ihre Kleidung auf der Haut und den Boden, der Sie trägt. Und vergessen Sie auch nicht einen Ausflug in das Riechen und Schmecken. Wenn es Ihnen möglich ist, reagieren Sie innerlich und vor allem gedanklich nicht auf das Wahrgenommene. Versuchen Sie, es lediglich mit einem "Aha!" zu quittieren.

Trotzdem sind sämtliche Gedanken und inneren Impulse, die Sie in dieser Phase haben, völlig okay, dürfen sein. Auch sie stellen einen Reiz dar, auf den Sie wiederum mit einem "Aha!" reagieren können. Nehmen Sie sie einfach zur Kenntnis. Sie müssen keinerlei Einfluss nehmen, auf nichts. Lassen Sie alles, absolut alles, was Sie wahrnehmen, genau so, wie es ist. Sie dürfen das. Sie müssen nicht eingreifen. Ruhen Sie sich aus. Genießen Sie eine Zeit, in der Sie absolut nirgendwo hinwollen, auch nicht in die

Entspannung. Es gibt – außer dem Wahrnehmen – rein gar nichts für Sie zu tun.

Ihr Körper beginnt jetzt langsam, sich zu beruhigen. Adrenalin wird abgebaut. Nach einer Zeit (meist etwa 10 bis 15 Minuten) breitet sich in Ihnen eine sanfte Ruhe und ein leichtes Gefühl von Sicherheit aus. Jetzt ist der richtige Zeitpunkt gekommen, Ihre Aufmerksamkeit hauptsächlich nach innen zu richten. Schließen Sie die Augen und treten Sie bewusst in den Kontakt mit dem, was es in Ihnen wahrzunehmen gibt. Beginnen Sie ganz in Ruhe erst einmal damit, Ihre Füße wahrzunehmen. Aktivieren Sie Ihren Tastsinn dort, spüren Sie hinein. Wandern Sie ganz in Ihrem Tempo mit Ihrer Aufmerksamkeit Ihre Beine herauf ... Ihre Waden ... Ihre Knie ... Ihre Hüften, bis Sie in Ihrem Oberkörper ankommen. Versuchen Sie nun, diesen von innen wahrzunehmen. Spüren Sie Ihren Herzschlag und möglicherweise Ihre Verdauungsaktivitäten. Fühlt es sich überall gleich an? Würden Sie sagen, dass überall genau die gleiche Temperatur herrscht? Was für Energien können Sie gerade in sich finden? Nehmen Sie alles wahr, was es in Ihnen wahrzunehmen gibt. Erforschen Sie es. Neugierig und ohne jede Wertung.

Wahrscheinlich werden immer wieder Gedanken auftauchen. Das ist völlig in Ordnung. Beobachten Sie einfach, wie die Gedanken Ihre Wahrnehmung schwächen. Sie verlieren den Kontakt zu Ihrem Körper, während Sie denken. Wenn das passiert, konzentrieren Sie sich wieder auf die Wahrnehmung. Sie werden merken, dass Sie umso weniger Gedanken haben, je intensiver Sie in der Wahrnehmung sind. Nach ca. 30 Minuten können Sie dann ganz in Ihrem Tempo, in Ihrem Zeitablauf, das Ende der Meditation einleiten.

Viele Menschen kommen, wenn Sie das erste Mal meditieren, in Kontakt mit alten Energien des Drachens. Diese sind noch in ihrem Körper gespeichert und melden sich jetzt, weil jemand hinsieht: Auch sie werden durch Beobachtung aktiviert. In der Praxis ist das meistens mit deutlicher Unruhe verbunden, mit der Unmöglichkeit, liegen zu bleiben, mit starken und unbestimmten Handlungsimpulsen. Natürlich ist das Erleben dieser Energien unangenehm. Daraus schließen dann einige Menschen: "Meditieren ist nichts für mich." In Wirklichkeit aber liegt das eigentlich Interessante erst unterhalb dieser Energien. Genau dort befinden sich Liebe, Freude, Dankbarkeit und der oft subtile Ausdruck des Seelenwesens.

Tiefer auf Meditation einzugehen, würde den Rahmen dieses Buches sprengen. Allerdings gibt es zu diesem Thema auch schon viel gute Literatur. Und es ist völlig unwichtig, welche Art von Meditation Sie wählen, sie muss nur zu Ihnen passen. Denn bei jeder geht es um Stille, Zuhören und Beobachten.

Natur

Seelenwesen lieben die Natur. Bei jedem Ausflug aufs Land strecken sie sofort ihre Nase heraus, schnuppern die frische Luft und beginnen zu leuchten. Unsere Städte sind zugebaut, im wahrsten Sinne des Wortes sind sie tot. In der Stadt leben auf jedem Quadratmeter vielleicht zwanzig Lebewesen, in der Natur sind es Tausende. Sie sehen sie nicht alle, aber Sie spüren sie. Sie sind umgeben von Lebendigkeit. Ihr Seelenwesen tritt in Kontakt mit dieser Lebendigkeit. Und es reagiert darauf mit heller Freude. Kennen Sie das Gefühl, wenn Sie bei einem Strandspaziergang im Herbststurm so durchgepustet werden, dass Sie sich innerlich genauso durchwirbelt fühlen wie das vom Sturm aufgewühlte Wasser? Kennen Sie Ergriffenheit bei einem Sonnenuntergang oder das friedlich wohlige Gefühl, wenn Sie am Rand eines Kornfeldes sitzen? Und kennen Sie den innerlich erfrischten Zustand nach einer langen Wanderung durch abgelegene Gegenden? Die Beine tun weh, Sie sind verschwitzt und erschöpft, aber irgendetwas in Ihnen ist ganz wach und aktiv. Das ist Ihr Seelenwesen. Es ist ganz erfüllt von den vielen wunderschönen Begegnungen, die es auf der energetischen Ebene während dieser Wanderung hatte. Diese Begegnungen müssen Ihnen nicht unbedingt bewusst sein, aber das Ergebnis, Ihr leuchtendes Seelenwesen, dürfen Sie gerne genießen.

Natürlich können Sie in der Natur aber auch bewusst mit anderen Lebewesen in Kontakt treten. Bleiben Sie, falls Sie mögen, einmal vor einem alten Baum stehen und machen Sie sich dessen Lebenslauf bewusst. Wie lange steht er hier schon? Wie ist es wohl, im Herbst seine Blätter zu verlieren? Wie fühlt es sich an, wenn sich im Winter der Schnee sanft auf die kahlen Äste legt? Beobachten Sie den kleinen Käfer auf der Bank, auf der Sie Pause machen. Wohin will er wohl gerade? Wie lange lebt er wohl schon? Wo ist sein Zuhause und hat er Brüder oder Schwestern, vielleicht sogar ein Familiengefühl? Oder schauen Sie herab zu der kleinen Blume. Erforschen Sie jeden Quadratmillimeter ihrer Blüte, ohne sie zu beschreiben, innerlich still. Und spüren Sie währenddessen in sich hinein. Schicken Sie Sonne auf die Lichtung und laden Sie so Ihr Seelenwesen ein hervorzutreten.

Es wird kommen.

Zwei Wirkrichtungen

Liebe, Freude und Dankbarkeit sind die Grundenergien Ihres Seelenwesens, es *ist* diese Energien. Wenn Sie Ihr Seelenwesen durch all die Dinge, von denen wir bisher sprachen, aktivieren, fließen sie. Sie sind glücklich. Seelenwesenaktivierung führt also zu Energiefluss. Das wissen Sie schon. Aber es funktioniert auch andersherum: Energiefluss führt zu Seelenwesenaktivierung. Wenn zum Beispiel durch einen schönen Anlass im Außen eine der Energien zu fließen beginnt, obwohl Ihr Seelenwesen gerade eher schläfrig ist, wird es durch diesen Fluss angeregt, aufgeweckt. Es horcht auf. Wie sollte es auch anders? Es *ist* diese Energien, also muss eine Verstärkung dieser Energien eine Verstärkung seiner Aktivierung nach sich ziehen. Das geht nicht anders.

Es gibt also – wie übrigens bei vielen körperlich-energetischen Prozessen – keine eindeutige Wirkrichtung. Die Aktivierung des Seelenwesens bringt Liebe, Freude und Dankbarkeit ins Fließen, und der Fluss von Liebe, Freude und/oder Dankbarkeit wiederum aktiviert Ihr Seelenwesen.

Nutzen Sie auch die zweite Wirkrichtung. Sorgen Sie auch auf *direkte* Art und Weise, also ohne den Umweg über die Seelenwesenaktivierung dafür, dass diese Energien in Ihrem Leben sind. Wir sprechen gleich noch darüber, welche Möglichkeiten es dafür gibt. Sie schlagen dann zwei Fliegen mit einer Klappe, denn erstens ist es an sich schon schön, diese Energien zu spüren, und zweitens unterstützen Sie damit gleichzeitig auch die Aktivierung Ihres Seelenwesens.

Liebe, Freude und Dankbarkeit aufgrund von "richtigen" Situationen im Außen

Viele Menschen versuchen, ihr Leben im Außen möglichst genau ihren Vorstellungen und Wünschen anzupassen, um in dem Moment, in dem dies gelingt, Glück zu empfinden. Sie versuchen, möglichst viele Ereignisse in ihr Leben zu bringen, über die sie sich freuen können, einzelne Menschen zu finden, die sie lieben und von denen sie geliebt werden, und sie hoffen auf Geschenke, für die sie dankbar sein können. Dies ist die am weitesten verbreitete Methode, um Liebe, Freude und Dankbarkeit direkt zu erzeugen. Und sie kann – bis zu einem bestimmten Grad – auch funktionieren. Denn natürlich gibt es Situationen und Umstände im Außen, die Liebe, Freude oder auch Dankbarkeit hervorrufen: ein

Treffen mit einem geliebten Menschen, die Verwirklichung eines Wunsches oder ein unerwartetes Geschenk. Es gibt viele Dinge, über die Sie sich freuen können, vieles, für das Sie dankbar sein können, und viele Situationen, die Ihnen helfen können, in die Liebe zu kommen. Und natürlich ist es sinnvoll, solche Anlässe zu suchen und in Ihr Leben zu bringen, denn es ist schön, Liebe zu spüren, es ist schön, dankbar zu sein, und es ist schön, Freude zu empfinden. Und es aktiviert Ihr Seelenwesen.

Diese Methode ist die Methode des Gestaltens, die Sie aus dem Abschnitt "Hingabe" kennen. Sie zu nutzen, um dafür zu sorgen, dass Ihr Leben möglichst weitgehend Ihren Vorstellungen entspricht, ist eine gute Idee. Allerdings wäre es gefährlich, wenn sie Ihr einziger Weg zum Glück wäre. Denn Ihr Erleben von Glück wäre dann vollkommen davon abhängig, dass Sie sich in den "richtigen" Situationen befinden, dass Ihr Gegenüber das "Richtige" tut oder dass Ihnen der "richtige" Mensch gegenübersteht. Über diese Dinge haben Sie aber faktisch nur begrenzte Macht. Und damit ist die Gefahr, relativ viele Situationen nicht zu den "richtigen" machen zu können, groß. Das wiederum würde Sie dann möglicherweise

143

Ihre Machtlosigkeit erleben lassen und Ihren Drachen aufwecken. Womit Sie auf energetischer Ebene das Gegenteil von dem erreicht hätten, was Sie erreichen wollten.

Nutzen Sie also gerne auch die Methode des Gestaltens, bringen Sie schöne Situationen in Ihr Leben! Aber erliegen Sie nicht der Illusion, dass Ihr Empfinden von Glück davon abhängen würde. Sie kennen andere Wege.

Liebe, Freude und Dankbarkeit ohne "richtige" Situationen im Außen

Neben der Methode des Gestaltens gibt es aber noch eine weitere, weniger bekannte Methode, wie Sie Liebe, Freude und Dankbarkeit in sich direkt in Fluss bringen können: Sie können sich dafür *entscheiden*, allem, was Sie umgibt, mit einer bestimmten innerlichen Haltung zu begegnen. Und dadurch den Fluss der Energien aktiv und bewusst verstärken. Und ja, das ist möglich.

In Bezug auf Liebe wissen Sie schon, wie das geht: Treten Sie in tiefen Kontakt mit anderen Lebewesen und lassen Sie sich im Bewusstsein ihres Lebenskampfes von dem Wunder ihrer Lebendigkeit berühren. Sie haben zu jedem Zeitpunkt Ihres Lebens die Wahl, in die Liebe zu gehen. Und es ist eine gute Idee, dies in möglichst vielen Situationen und Momenten zu tun. Denn erstens beruhigt es Ihren Drachen. Zweitens fühlt es sich großartig an. Drittens geraten Sie in den Zustand der Wohlgenährtheit, den Sie sich immer gewünscht haben. Viertens sind liebende Menschen eine wunderbare Bereicherung für andere Menschen, weshalb diese sich von Ihnen angezogen fühlen. Und fünftens aktiviert In-der-Liebe-Sein, wie oben beschrieben, Ihr Seelenwesen. Lieben übertrifft alle anderen Maßnahmen auf Ihr Leben an Effektivität und positiven Einflüssen. Ein Multitool.

Ich möchte, dass Sie wirklich verstehen, dass Sie tatsächlich und real immer die Möglichkeit haben, in der Liebe zu sein. Sie müssen dazu allerdings zulassen, dass Sie in wahren Kontakt mit anderen Lebewesen treten, einen Kontakt jenseits von Richtig und Falsch, ohne Fassaden. Einen intimen Kontakt. Natürlich können Sie diesen intimen Kontakt auf den Bereich Ihrer Partnerschaft und Ihrer Familie beschränken. Die Frage ist nur, warum Sie das tun sollten. Intimität meint nicht Sexualität (Sexualität ist im Idealfall nur ein Ausdruck von Intimität) oder sonst irgendeine Körperlichkeit oder auch das

Teilen von Geheimnissen. Intimität meint *Kontakt zwischen Seelenwesen.*

Öffnen Sie sich für diesen Kontakt. Beschränken Sie die Monogamie auf das Sexuelle (wenn Sie das möchten) und erlauben Sie sich wahren Kontakt zu anderen Lebewesen. Erlauben Sie sich zu lieben, was das Zeug hält. Wann und wen auch immer. Zu jeder Gelegenheit. Und vergessen Sie nicht: Aus Ihrem Lieben muss nichts folgen. Absolut nichts. Keine Verabredung, keine Verantwortung, kein Wiedersehen, keine Freundschaft. Halten Sie einfach die Füße still. Und genießen Sie Ihre Liebe. Seien Sie Ihrem Partner treu, wenn es das ist, was Sie mit ihm oder ihr vereinbart haben. Und genießen Sie Ihre Liebe.

Auch das Fließen der Energie Freude kann das Resultat einer Haltung zu einer Situation sein. Sie haben immer die Wahl, mit welchen Augen Sie auf eine Situation schauen wollen – und damit, in welcher Haltung Sie ihr begegnen wollen. Wenn Sie mögen, stellen Sie sich einmal Folgendes vor: Sie öffnen die Tür zu Ihrem Badezimmer, in dem

Ihre Waschmaschine steht. Allerdings ist die Tür dieser Waschmaschine undicht, es quillt massenweise weißer Schaum heraus. Keine Flüssigkeit, nur Schaum. Wundervoller Schaum. Das ganze Badezimmer ist schon mit ihm gefüllt. Was wäre der Blick, mit dem ein Erwachsener auf diese Situation schauen würde, und welcher Blick wäre der eines dreijährigen Kindes? Was ist die Empfindung, mit der ein Erwachsener reagieren würde, und was würde das Kind spüren? Das Kind würde sich hineinstürzen, voller Freude, mit jauchzendem Seelenwesen. Was für eine wundervolle Spielmöglichkeit! Der Erwachsene dagegen würde möglicherweise in Clinch mit der Situation treten, vielleicht Ärger oder Angst spüren und vor allem eher das Problem sehen als eine traumhafte Spielmöglichkeit. Spiel und Spielmöglichkeiten – darum geht es! Das Leben ist voll von solchen Möglichkeiten! Wollen Sie Freude in Ihrem Leben? Dann sehen Sie Situationen als Spielmöglichkeit. Unser Seelenwesen liebt es zu spielen. Wir Erwachsenen räumen uns dafür nur noch wenig Zeit ein. Warum? Muss wirklich immer alles so ernst sein? Wie wäre es, etwas spielorientierter durchs Leben zu gehen? Ein kleines bisschen mit dem Blick eines Kindes? Nur ein kleines bisschen?

Die innere Haltung der Dankbarkeit, die Sie brauchen, um unabhängig von "richtigen" Anlässen im Außen Dankbarkeit zu spüren, ist eine Frage der Fokussierung. Wenn Sie sich daran erinnern, in Ihr Bewusstsein holen, was es alles Wunderbares und nicht Selbstverständliches in Ihrem Leben gibt, gehen Sie in diese Haltung. Die Energie Dankbarkeit beginnt zu fließen. Eine warme Dusche morgens – wie wundervoll! Die Möglichkeit, in den Urlaub zu fahren – großartig! Quasi immer genug zu essen – für viele Menschen auf der Welt ein unfassbarer Luxus. Denke ich an all die Dinge, die in meinem Leben unperfekt sind oder richte ich meine Aufmerksamkeit auf das viele Gute? Sie können sich entscheiden. Sie können sich entscheiden, dankbar zu sein. Suchen Sie Dinge und Aspekte in Ihrem Leben, für die Sie dankbar sein möchten. Wenn Sie mögen, können Sie sich auch kleine Rituale einrichten, wie direkt nach dem Aufwachen an etwas zu denken, für das Sie heute dankbar sein wollen. Und das kann auch die Tatsache sein, dass Sie gerade heute Nacht nicht ohne Decke oder Schlafsack auf der Straße schlafen mussten. Es gibt immer etwas, für das Sie dankbar sein können.

Finden Sie es.

Überfluss

Sie wissen jetzt, dass Sie Ihr Seelenwesen auch durch die Aktivierung von einzelnen seiner Energien hervorlocken können. Diese einzelnen Energien können Sie entweder durch schöne Anlässe im Außen oder durch das Einnehmen einer Haltung ins Fließen bringen. Spannend ist, dass – wenn Sie auf diese Art eine der Energien in den Fluss bringen – die beiden anderen aufgrund der daraus folgenden Seelenwesenaktivierung sehr leicht ebenfalls zu aktivieren sind. Es hat ja schon aufgehorcht, Ihr Seelenwesen, und ist völlig bereit und auch erpicht darauf, vollständig aufzuwachen. Es braucht jetzt nur noch einen ganz kleinen Anstoß durch Sie, damit auch die anderen beiden Energien zu sprudeln beginnen. Jetzt, da Ihr Seelenwesen sowieso schon mit großen Augen aufmerksam zu Ihnen schaut und eine seiner Energien schon fließt, brauchen Sie sich dazu innerlich nur noch vier einfache Fragen zu stellen. Probieren Sie das einmal aus: Wenn Sie sich das nächste Mal über etwas freuen, fragen Sie sich: Kann ich in diesem Moment der Freude vielleicht auch noch in die Liebe gehen? Und kann ich in diesem Moment der Freude vielleicht zusätzlich auch noch dankbar sein? Geht das *alles auf einmal?* Geht *noch mehr?*

Sie brauchen auf diese Fragen keine verbalen Antworten zu finden, sie müssen nur gestellt sein. Denn das Stellen an sich löst die vollkommene Aktivierung Ihres Seelenwesens aus, die Aktivierung *ist* die Antwort. Darum stellen Sie sie und beobachten dann einfach still die Bühne. Und seien Sie sicher: Es geht. Alles auf einmal und noch viel, viel mehr. Und Sie dürfen sich nehmen, so viel Sie möchten. Werfen Sie in Bezug auf Liebe, Freude und Dankbarkeit Ihre Genügsamkeit über Bord und werden Sie maßlos. Sie können sich vielleicht in diesem Moment noch gar nicht vorstellen, wie erfüllt, im Innen hell und unabhängig von äußeren Ereignissen Sie durchs Leben gehen könnten, wenn Sie sich erlaubten zuzugreifen. Die Aktivierung Ihres Seelenwesens hat keine Grenze nach oben.

Viele Menschen haben in ihrer Kindheit gelernt, dass man das nicht darf. Dass man genügsam sein muss, da es an fast allem auf der Welt Mangel gibt: Geld, Nahrung, Freizeit, Zuneigung ... Aus sachlicher Sicht ist klar, dass dies nicht wahr ist, es gibt keinen Mangel auf der Welt. Dinge befinden sich bloß zum falschen Zeitpunkt am falschen Ort und im Besitz der falschen Personen. Anders ist es mit den drei Energien. Sie kennen keinen Ort und keinen Besitzer. Sie sind immer und für jeden, der seine Bucht mit dem Meer verbindet, im absoluten Überfluss vorhanden. Und das Meer bietet sie Ihnen an, unablässig, in sanfter Brandung. Sie dürfen annehmen, so viel auch immer Sie wollen. Es gibt keine Menge, keine Ration, die Ihnen zusteht oder zugeteilt wurde. *Es ist für jeden unendlich viel da*. Greifen Sie zu. Seien Sie maßlos.

Der Beginn

Jetzt kennen Sie einige Wege, Ihr Seelenwesen zu aktivieren und somit auch ohne perfekten Anlass oder die "richtige" Situation im Außen Glück zu empfinden. Sie können generell Ihren Drachen beruhigen, die Bühne beobachten, so (oder anders) das süße Seelenwesen hervorlocken, es dann weiter beobachten, um seine Aktivierung zu stärken und zu verlängern. Sie können die Nähe von Menschen mit aktiviertem Seelenwesen suchen und die Nähe zu deren Ausdruck, zum Beispiel in der Kunst. Sie können sich selbst, soweit es irgend geht, ausdrücken, in Kunst und Alltag. Und Sie können Liebe, Freude und Dankbarkeit direkt ins Fließen bringen, mit Hilfe von schönen Anlässen im Außen oder durch das Einnehmen einer bestimmten Haltung.

154

Wenn Sie mit all diesen Dingen beginnen, kann es allerdings passieren, dass Angst in Ihnen auftaucht. Ihr Drache hält nämlich jede Veränderung im Leben für gefährlich. Solange Sie noch atmen, ist aus seiner Sicht alles in Ordnung, kein Veränderungsbedarf. Zwar können Sie fast alle Punkte der Seelenwesenaktivierung und der Drachenberuhigung in Ihr Leben einbauen, ohne dass Sie im Außen allzu große Dinge ändern müssen. Sie können in der Wohnung bleiben, in der Sie schon so lange leben, in dem fordernden Beruf. Sie können die Beziehung weiterführen, in der Sie sind. Aber auch kleine Änderungen, neue Menschen, mehr Sichtbarkeit, mehr Ausdruck, Meditation, Achtsamkeit, wahrer Kontakt können ihn möglicherweise aufwecken. Er schickt Angst, um Sie an der Veränderung zu hindern. Sie haben jetzt die Wahl, ob Sie der Angst erlauben, Ihnen im Weg zu stehen. Ob Sie Ihrem Drachen erlauben, Ihr Leben zu bestimmen.

Falls ja – fein! Alles in Ordnung. Auch diese Entscheidung dürfen Sie treffen. Vielleicht ist es gerade Ihre Bestimmung und deshalb genau die richtige Entscheidung, in dieser Lebensphase Ihren Drachen führen zu lassen. Falls nicht, beginnen Sie ein liebevolles Gespräch mit ihm. Das meine ich ernst. Sie können das innerlich tun, aber wichtig ist, dass Sie ganze Sätze formulieren und ihm erklären, dass nicht er, sondern Sie die kompetenteste Instanz im Haus sind. Hören Sie ihm gern auch zu, liebevoll, aufmerksam, warm und zugewandt, aber lassen Sie keinen Zweifel an Ihrem Führungsanspruch. Er braucht jetzt kompetente Führung. Durch Sie. Das wird ihm das Vertrauen geben, dass Sie wissen, wo es langgeht, und er wird sich etwas beruhigen. Nicht ganz, und das bedeutet, dass immer noch etwas Angst da sein wird. Jetzt brauchen Sie Mut. Denn Mut ist nicht die Abwesenheit von Angst, sondern trotz Angst entschlossen zu handeln.

Falls Sie denn möchten.

Nachspiel

Ein warmer Sommertag. Ein kleines Seelenwesen spaziert durch den Wald zu seinem Freund, dem Drachen. Es freut sich auf ihn. Auf einer Lichtung sieht es ihn liegen, groß und stark und friedlich. Als das Seelenwesen näher kommt, öffnet er ein Auge, erkennt seinen Freund und ein warmes Lächeln breitet sich auf seinem Gesicht aus. Das Seelenwesen freut sich über seine Wachsamkeit, sieht seine Stärke und weiß ganz sicher, dass diese Stärke *für* es ist. Es weiß, dass der Drache Wache hält. Es schließt die Augen und verstärkt sein Leuchten. Helles, strahlendes Licht breitet sich über die ganze Lichtung aus. Auf eine bestimmte Art löst sich das Wesenhafte des Seelenwesens auf, es breitet *sich selbst* aus. Es *ist* dieses Licht. Irgendwann erreicht das Licht auch den Beobachter am Rand der Lichtung, der gebannt auf das Szenario blickt. Er weiß, welchen Beitrag er zu dem, was jetzt geschieht, geleistet hat. Und er vertraut. Das Licht umspielt und umschmiegt ihn. Eine Welle des Glücks, der Liebe, der Freude und der Dankbarkeit durchfließt ihn, und auch er beginnt zu leuchten. Sein Licht vermengt sich mit dem des Seelenwesens. Auch er verliert das Wesenhafte. Wie aus einer unsichtbaren Quelle gespeist strahlt das gemeinsame Licht immer heller und wird immer mehr. Es breitet sich aus, über die Grenzen der Lichtung hinweg, über den Rand des Waldes und über die Welt hinaus. In die Unendlichkeit.

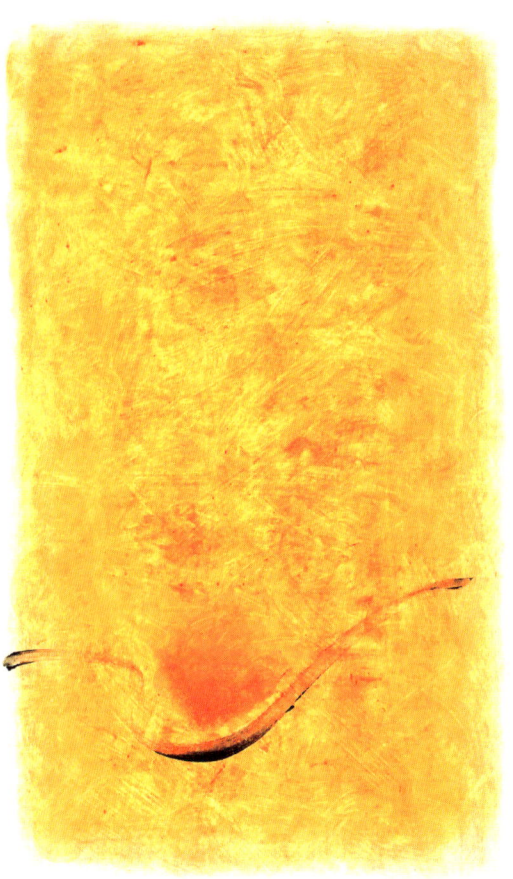

Nachwort

Dieses Buch braucht Ihr Hirn *und* Ihr Herz, um zu wirken. Nur im Verstand erzeugt es rein gar keine Veränderung. Bewegen Sie die Dinge deshalb nicht nur in Ihrem Kopf. Spüren Sie nach, wo sie sich für Sie wahr anfühlen. Lesen Sie es noch einmal. Spüren Sie. Und dann wenden Sie es an. Denn dieses Buch ist wie ein Buch übers Klavierspielen: Sie können es von vorn bis hinten lesen, jeden Satz, jedes Wort und jeden Buchstaben verstehen - und trotzdem kein einziges Stück auf dem Klavier spielen.

Wenn Sie den Wunsch haben, Klavier spielen zu können, müssen Sie die Dinge, die Sie gelesen haben, anwenden und üben. Ein wesentlicher Faktor dessen, was es zu üben gibt, ist die Stille. Wenn Sie möchten, beginnen Sie. Jetzt. In diesem Moment. Werden Sie still und lauschen Sie ... denn ...

... leise spricht das Seelenwesen.

Dank

Ich möchte von Herzen den Menschen danken, die mich bei der Entstehung dieses Buches so selbstlos begleitet und unterstützt haben: Chriz Falk für seine Freundschaft und unzählbar viele sensationelle Gespräche in der Natur; Juliane Henning dafür, dass ich von ihr lernen durfte, was Liebe ist. Manuela Schriefer, Matthias Amann und Rabe Habdank für Ermutigung und Glauben; Nizar Rokbani für seine Freundschaft und Unterstützung. Christof Struhk für den Titel und seine unbändige Kreativität sowie Alexander Baasner für sein Mitgestalten der Ausbildung "Sein eigener Meister sein" und die Zeit unserer Freundschaft. Mein Dank gilt weiterhin Katharina König für ihr sensibles Lektorieren und ganz besonders danke ich Rabe Habdank für seine wundervollen Bilder.

Und meiner Frau, Nicole Tempel. Für alles.

Sören Tempel, Dezember 2017

Der Autor

Sören Tempel, Jahrgang 1968, lebt mit seiner Frau Nicole Tempel in der Nähe von Berlin. Seit 2006 hat er weit über 1000 Menschen in Form von Coachings, Seminaren und Jahresgruppen auf ihrem inneren Entwicklungsweg begleitet. Dabei dienen ihm unter anderem auch die Inhalte dieses Buches als Grundlage. Zusammen mit Nizar Rokbani gründete er 2016 die Freudberg-Gemeinschaftsschule, in der Menschenbildung im Vordergrund steht.

Website: www.soerentempel.de
Blog: www.soerentempel.wordpress.com
Facebook: www.facebook.com/soren.tempel
Schule: www.freudbergschule.de

120 Seiten, broschiert
ISBN 978-3-89845-563-3
€ [D] 6,95

Kurt Tepperwein

Im Jetzt leben

Jetzt ist der wichtigste Moment. Denn nur wer im Augenblick lebt, kann sein Leben verändern. Der Lebenslehrer und Bestsellerautor Kurt Tepperwein macht deutlich, dass das Leben nur heute stattfindet. Das Leben ist jetzt. Also kümmern wir uns nicht mehr um die Zukunft und grämen uns nicht über die Vergangenheit. Das Einzige, was zählt, ist das, was sich uns in diesem Moment darbietet.

So können wir aus dem stetigen Gedankenkino aussteigen und alte Verhaltensmuster ganz einfach ablegen. So schaffen wir es, mit dem Leben zu kooperieren, die Dinge mit Zuversicht geschehen zu lassen. Und genau so haben wir einen wichtigen Schritt in Richtung erfülltes Leben getan.

160 Seiten, broschiert
ISBN 978-3-89845-504-6
€ [D] 6,95

Iris Hicking

Energiearbeit für Einsteiger
Heilarbeit für Körper & Seele

Ganzheitliche Gesundheit beginnt auf der energetischen Ebene, denn jeder Mensch besitzt einen Energiekörper, der für das Wohlbefinden ebenso entscheidend ist wie der physische Körper.

Die Geistheilerin Iris Hicking macht Sie mit den Grundlagen der spirituellen Heilarbeit vertraut. Auf einfache und leicht nachvollziehbare Weise führt Iris Hicking Sie in die Deutung von Krankheitsbildern und leitet ihn an, mit den feinstofflichen Energien zu arbeiten. Sie gibt Ihnen die richtigen Werkzeuge an die Hand, um energetische Heilarbeit erfolgreich anzuwenden.

120 Seiten, 2-fbg., brosch.
ISBN 978-3-89845-452-0
€ [D] 12,95

Silke Gramer-Rottler

Was uns alle trägt

Die Kraft des Urvertrauens in einer reizüberfluteten Welt

Wir leben in einer schnelllebigen Welt, in der Hektik, Ignoranz und Ängste unseren Alltag bestimmen. Silke Gramer-Rottler zeigt uns, wie wir zurückfinden können zur berühmten Leichtigkeit des Seins. Sie erklärt uns, wie wir in unserem Leben wieder Raum schaffen können für die wesentlichen Dinge und wie dadurch die ganzen Unsicherheiten des Alltags verschwinden.

Dieses inspirierende Buch fordert uns alle auf, innezuhalten in unserer schnelllebigen, reizüberfluteten Welt und uns auf den Weg zu machen, unseren Ängsten zu begegnen, um zu erfahren, dass das Leben uns trägt.

184 Seiten, 2 fbg., brosch.
ISBN 978-3-89845-355-4
€ [D] 14,90

Dr. phil. Georg Rupp

Befreiung aus dem Hin & Her des Lebens

Lass dein Herz entscheiden

Der Psychologe Dr. Georg Rupp lädt Sie ein, sich auf das Wesentliche zu besinnen, auf das, was wirklich wichtig ist. I

Dieser Ratgeber der besonderen Art zeigt, wie Sie das ewige gedankliche Hin und Her abschalten und auf Ihr Herz hören können, wo die Antworten leicht zu finden sind. Der Autor erklärt, wie Sie in sechs einfachen Schritten zur richtigen Entscheidung gelangen. Das gilt für Beruf, Karriere, Familie und Liebe, für das ganze Leben.

168 Seiten, Klappenbr.
ISBN 978-3-89845-152-9
€ [D] 10,90

Franziska Krattinger

Ein Wort genügt!

... sich einfach umprogrammieren

Schalten Sie einfach um! – Manchmal genügt ein einziges Wort, um verborgene Haltungen ans Licht zu bringen oder Einstellungen zu ändern. Dabei gibt es spezielle Worte, die gleichsam eine magische Wirkung haben, da sie die Schlüssel zu unserem Unterbewusstsein sind: Schaltworte.

Schalten Sie einfach um – und beobachten Sie die Veränderungen in Ihrem täglichen Leben, ohne dass Sie bewusst daran denken oder eine Vorstellung der Lösung haben müssen. Nutzen Sie die Kraft, eine Situation augenblicklich im besten und idealen Sinn zu verändern.

224 Seiten, gebunden
ISBN 978-3-930243-73-0
€ [D] 15,80

Michael H. Buchholz

Die universellen Lebensregeln

Der Kompaß für Alles, was du willst

Das Buch enthält 36 universelle Lebensregeln – uralte Regeln verschiedener Kulturen, die aufgrund ihrer universellen Prägung allgemeingültig sind: für jeden, jede Lebenssituation, für das Erreichen jedes Ziels. Sie zeigen auch auf, weshalb es im Leben zu Schwierigkeiten kommt und wie man diese umschifft. Dieses leicht verständliche Buch dient als praktischer Kompass, um erfolgreich durchs Leben zu navigieren.

240 Seiten, broschiert mit
abgerundeten Ecken
ISBN 978-3-89845-550-3
€ [D] 11,00

Theo Fischer

Das Tao der Selbstfindung

Das Geheimnis eines sorgenfreien Lebens
Die heutige Gesellschaft verlangt dem Menschen
viel ab: Leistungsdruck, Beeinflussung durch die
Medien, Technologie im Überfluss, die schier
Überhand nimmt ... Und der Mensch entfremdet
sich immer mehr von sich selbst, von seiner eigenen Natur.
Theo Fischer zeigt, wie wir aus dem schnell vor-
wärtsrasenden Zug unseres Lebens aussteigen
und uns auf das Fließen des Tao einlassen können. So lernen wir, mit
den Herausforderungen des Lebens leichter umzugehen, unserer Intuition
zu folgen, stillzuhalten und den eigenen Kräften Raum zu geben.

160 Seiten, broschiert mit
abger. Ecken
ISBN 978-3-89845-547-3
€ [D] 11,00

Mary Olsen Kelly

Wachse mit deinen Aufgaben
Die Magie der Perle

Die inneren Schätze entdecken
Wir sind alle wie Perlen – ein lebendes Ver-
mächtnis der Natur, einzigartig und viel stärker,
als es scheint.
Mary Olsen-Kelly weist uns einen Weg, um wie
eine Perlenauster an unseren Aufgaben zu wachsen. Sie zeigt, wie wir unsere verschiedenen Fa-
cetten erkennen und annehmen und uns über
all die gewonnenen Schätze in unserem Leben freuen können.
Und so gelingt es uns, die Herausforderungen des Lebens zu meistern
und gestärkt daraus hervorzugehen.

Weiterführende Informationen zu
Büchern, Autoren und den Aktivitäten
des Silberschnur Verlages erhalten Sie unter:
www.silberschnur.de

Natürlich können Sie uns auch gerne den
Antwort-Coupon aus dem beiliegenden
Lesezeichenflyer zusenden.

Ihr Interesse wird belohnt!